地球旅馆

张爱玲传

## 也孤独,也灿烂
EILEEN CHANG'S STORY

凯瑟玲
———
著

河北人民出版社
石家庄

## 图书在版编目(CIP)数据

张爱玲传:也孤独,也灿烂 / 凯瑟玲著. -- 石家庄:河北人民出版社,2019.1
ISBN 978-7-202-13495-5

Ⅰ.①张… Ⅱ.①凯… Ⅲ.①张爱玲(1920-1995)—传记 Ⅳ.①K825.6

中国版本图书馆CIP数据核字(2018)第235866号

| 书　　名 | 张爱玲传:也孤独,也灿烂 |
|---|---|
| 著　　者 | 凯瑟玲 |
| 责任编辑 | 王云弟　刘大伟 |
| 美术编辑 | 于艳红 |
| 出版发行 | 河北人民出版社(石家庄市友谊北大街330号) |
| 印　　刷 | 天津丰富彩艺印刷有限公司 |
| 开　　本 | 889毫米×1194毫米　1/32 |
| 印　　张 | 8 |
| 字　　数 | 170 000 |
| 版　　次 | 2019年1月第1版　2019年1月第1次印刷 |
| 书　　号 | ISBN 978-7-202-13495-5 |
| 定　　价 | 58.00元 |

版权所有　翻印必究

世 界 上 最 好 的
事 情 是

爱 ················

有　　回　　应

## 凯瑟玲

80年代生人,杂志编辑,一直以来,都在研究世界各地有趣的人和他们做的有趣的事,并将他们的故事写出来呈现给读者。
喜欢研究不同国家、不同时期女性作家的文学作品以及她们的生活状态。
希望能以时空旅行者的身份,去发现她们的美丽,与她们对话。

《半生缘》

我要你知道,这世界上有一个人是永远等着你的,不管是什么时候,不管在什么地方,反正你知道,总有这么个人。

《倾城之恋》

十一月尾的纤月,仅仅是一钩白色,像玻璃窗上的霜花。然而海上毕竟有点月意,映到窗子里来,那薄薄的光就照亮了镜子。

《小团圆》

雨声潺潺,像住在溪边。宁愿天天下雨,以为你是因为下雨不来。

《童言无忌》

童年的一天一天,温暖而迟慢,正像老棉鞋里面,粉红绒里子上晒着的阳光。

《封锁》

封锁期间的一切,等于没有发生,整个的上海打了个盹,做了个不近情理的梦。

《中国人的宗教》

不论在艺术里还是人生里,最难得的就是知道什么时候应当歇手。中国人最引以自傲的就是这种约束的美。

《半生缘》

感情这样东西是很难处理的,不能往冰箱里一搁,就以为它可以保存若干时日,不会变质了。

《更衣记》

回忆这东西若是有气味的话,那就是樟脑的香,甜而稳妥,像记得分明的快乐,甜而怅惘,像忘却了的忧愁。

《倾城之恋》

我一直想从你的窗户里看月亮。

《天才梦》

生命是一袭华美的袍,爬满了蚤子。

《花凋》

笑,全世界便与你同声笑;哭,你便独自哭。

《金锁记》

不多的一点回忆,将来是要装在水晶瓶里双手捧着看的。

# 目 录

上卷·情事：人间难有小团圆

## 壹

### 与胡兰成
### 没有一场倾城之恋

| | |
|---|---|
| 她是民国临水照花人 | 002 |
| 棋逢对手的怦然心动 | 007 |
| 爱是尘埃中开出的花 | 012 |
| 相思与倾情都曾真心 | 018 |
| 并没有一场倾城之恋 | 023 |
| 谁也不过是谁的过客 | 029 |

## 贰

### 与桑弧
### 离乱中最大的慰藉

| | |
|---|---|
| 黑暗岁月的一抹光亮 | 034 |
| 何须把喜欢夸张成爱 | 037 |
| 她终究是他的红玫瑰 | 041 |

## 叁

### 与赖雅
### 不曾辜负初心与岁月

| | |
|---|---|
| 孤岛相逢余生来相识 | 044 |
| 平凡世界的安定喜乐 | 048 |
| 因为懂得，所以慈悲 | 053 |

中卷·家事：所念人，所感事

## 壹

### 家 族
### 晚清贵族的绚烂与寂寞

| | |
|---|---|
| 祖父张佩纶·天下翰林幼樵第一 | 058 |
| 曾外祖父李鸿章·品酒论诗青眼相加 | 063 |
| 祖母李菊耦·命运如此防不胜防 | 067 |
| 父亲张志沂·清末遗少的浮世梦 | 071 |
| 继母孙用蕃·一生中最厌恶的人 | 076 |
| 弟弟张子静·他做了姐姐的影子 | 081 |
| 童年·温暖而迟缓的光阴 | 086 |

## 贰

### 母亲黄逸梵
### 她亦飘零久

| | |
|---|---|
| 遥远而神秘的爱 | 092 |
| 她的骄傲与失落 | 097 |
| 只是爱自己更多 | 102 |

**姑姑张茂渊**
**干脆利落的人生**

| | |
|---|---|
| 清平机智的名门闺秀 | 107 |
| 她是那一阕孤清的词 | 112 |
| 执着相许误半生年华 | 116 |
| 守望半生余情缘未尽 | 119 |

下卷·情谊：滚滚红尘中的相遇

**与炎樱**
**一个像初夏，一个如深秋**

| | |
|---|---|
| 快乐的吃梦小兽 | 126 |
| 她是花朵的灵魂 | 131 |
| 渐行渐远渐无书 | 135 |

**朋友抑或陌路**
**人生路途的不期而遇**

| | |
|---|---|
| 汪宏声和佛朗士·温暖的师生情谊 | 140 |
| 苏青·乱世桃花逐水流 | 145 |

| | |
|---|---|
| 胡适·温情的忘年之交 | 151 |
| 邝文美·她宠坏了张爱玲 | 155 |
| 潘柳黛·热烈之后终陌路 | 161 |
| 周瘦鹃·被误伤的紫罗兰 | 166 |
| 夏志清·世间难有的知己 | 172 |
| 柯灵·故人亦别来无恙 | 175 |
| 傅雷·恩怨终究会消散 | 180 |
| 戴文采·她与张爱玲为邻 | 184 |

## 叁

### 尾声
### 永远的张爱玲

| | |
|---|---|
| 民国女人张爱玲 | 188 |
| 她是天才插画师 | 191 |
| 是与非,粉与黑 | 195 |
| 唯有灵魂香如故 | 197 |

### 附录

| | |
|---|---|
| 张爱玲年谱 | 202 |
| 张爱玲作品简析 | 215 |

上 卷

情事：人间难有小团圆

# 与胡兰成/没有一场倾城之恋

## 她是民国临水照花人

1995年9月8日,在中国文坛上发生了一件大事——中国现代文学史上,最具争议但也最才气纵横的女作家张爱玲,在美国洛杉矶的公寓去世。据说,她是在去世7天后才被人发现的。当时,她的寓所内家徒四壁,没有家具,没有床,她躺在地板上,身上盖着一条薄毯子,就这样安静地去了。

有很多人惋惜,曾经风光无限、光彩夺目的生命,竟然以这样最凄凉的方式凋零、谢幕,跟尘世做最后的告别。

作为中国文学史上的一个"异数",张爱玲以她的早慧提前洞悉了人性与世间的荒诞。她孤冷独绝又不拘一格,所以,像那种亲人朋友聚于病榻前嘘寒问暖,其实内心各有打算的虚伪,跟张爱玲完全不符,也因此这种"丑态"永远不可能出现在张爱玲身上。所以,她以这种几乎不为人知的方式离去,不做任何形式上的告别,很符合她一向的风格。

晚年的张爱玲，离群索居，与他人的交往变得更少，躲避粉丝，拒绝造访，到最后连信都懒得看了。说张爱玲晚景凄凉，其实未必，张爱玲的一生都活在她自己的世界里，冷清、自我、不希望被打扰。

求仁得仁，张爱玲没有遗憾，他人也就无需惋惜。无法选择出生，总还可以选择告别。

2009年，华人文坛又因为张爱玲再次沸沸扬扬，那是被称为张爱玲"半自传"小说的《小团圆》在中国香港的出版。据说张爱玲的本意是要将《小团圆》销毁，却又反复犹豫，与她的忠实粉丝，也是她朋友的宋淇夫妇多次商讨修改与出版的事宜。其间，张爱玲几易其稿，内心彷徨纠结。

其实，张爱玲写《小团圆》的原因，并没有那种想要"回望人生"这么高段位的理由。胡兰成写了香软媚艳的《今世今生》，其中的自恋、软媚、自我辩护，令张爱玲生生呕出一口老血。张爱玲被胡兰成弄得很被动很尴尬：不回应吧，可能胡兰成的撰述就会成为许多事的"定论"，甚至是真相。就像关于另一位民国才女林徽因的故事，许多版本都来自梁思成的第二任妻子林洙的叙述，真相如何，人们再无从得知。然而，回应吧，对于胡兰成这种擅长自我营销的人来说，张爱玲跟他隔空对战，正是他求之不得的事。自己没有影响力了，借助前妻的名气来提高自己的知名度，成本又低，多么成功的营销啊？！

张爱玲的粉丝朱西宁，同时也是当时的军中作家，企图用荒谬的"分饼理论"给张爱玲洗脑，让张爱玲与胡兰成重归于好。他甚至还流露出想要替张爱玲写传记的想法。如果前面是言情剧，那么现在就是荒诞剧了。张爱玲再无法漠然了——她怎么能允许朱西宁以胡兰成的调调去写自己？！而原本与朱西宁常有书信往来的张爱玲在这件事情后，也与他彻底断了联络。

张爱玲跟朋友宋淇等人商议，觉得应该亲自来写一本回忆录式的"自传体"小说。然而，书就在张爱玲的反复修改、反复纠结中，一直没有出版，当然，张爱玲最后的意愿是：销毁。

可能张爱玲写书的初衷，是为说明她心中的"真相"，是带着一种"揭下面具，大家都别装"的心态。但是随着写作的进行，她的想法慢慢改变了——以张爱玲那么冷清的性格，要长时间地去恼怒一件事情其实也是有挑战的，于是，她开始认真地思考，想要在"爱情幻灭后，留下一些百转千回的东西下来"。

最终，《小团圆》得以出版。宋淇的后人为了让这本违背张爱玲意愿的"自传体"小说找到合理的出版借口，也可能是为了预热市场找话题，便摘录了很多其父宋淇与张爱玲来往信件的内容放于《小团圆》中。

关于《小团圆》，争议也很多。不喜欢的人，觉得这本书简直没法读下去，像个老太太絮絮叨叨地自言自语。如果仅仅作为一部小说来讲的话，确实如此，但是如果为了满足八卦心理，看张爱玲记忆中的曾经是什么样子，看她如何审视自己——她写别人那么辛辣，轮到自己的时候能下得了手吗？如果是抱着这样的心态，那这本书值得一读，甚至必不可少。因为书里猛料很多：再也不是欣赏张爱玲笔下冷到极致的凛冽人生，而是看看那些曾有无数版本的民国牛人们的故事，在被称为中国女作家头上一朵黑沉沉乌云的天才女作家张爱玲的笔下又是怎样的版本。

这个世界的女人越来越勇敢，越来越敢于直面自己，譬如张爱玲，她不仅写他人毫不留情，写自己也同样心狠手辣。《今世今生》太有矫揉自欺的感觉，张爱玲远比胡兰成诚实多了，她对自己的剖析，更犀利、更直白、更凛冽。

尽管胡兰成骨子里猥琐又自恋，所著全靠满纸的"简静、贞静、现世安稳"等让人雾里看花的香艳词汇来迷惑读者，但有一点，在了解女人上，他是女人当之无愧的知己。他说张爱玲是真正的"民国世界的临水照花人"。

"临水照花"一词是从《红楼梦》中对林黛玉"闲静时如姣花照水，行动处似弱柳扶风，心较比干多一窍，病如西子胜三分"中的"闲静时如姣花照水"中演化而来。张爱玲深受《红楼梦》的影响，她的冷清疏离，跟林黛玉如出一辙。最终却是高处不胜寒。张爱玲是寂寞的，也正好是这种寂寞，造就了出名很早的张爱玲。

关于这点，苏童也是认同的："张爱玲让我想起了林黛玉。张爱玲的胸怀、心境以及冷眼看人的目光是黛玉式的，自怜自爱又自尊的人，与大观园芸芸众生总是对立的……现实的张爱玲比虚构的林黛玉强大得多，能干得多，她张扬了孤单的人格和尖锐的世界观，在走出深阁面向社会的过程中，张爱玲放大了她的大观园。"

尽管很多人不喜欢《小团圆》的风格，但她还是在书中自己把自己先撕了，估计也有点恶趣味：别再翻来覆去拿我的那点事儿当谈资了，可以歇了，别再用意淫加揣摩来写关于我的各种书了，你们想看什么，我写给你们就是了。

这位"八岁我要梳爱司头，十岁我要穿高跟鞋，十六岁我可以吃粽子汤团，吃一切难于消化的东西"的民国世界的临水照花人，关于她的小说、散文，以及她冷清孤高的一生，在2009年后，重新向世人走来。

## 棋逢对手的怦然心动

张爱玲的人生，华丽而沧桑，她传奇了一生，也被流言了一世。

"出名要趁早"是她的至理名言，当然，她有资格说这话。很多年后的今天，提起张爱玲，还是有人会说张爱玲简直就是压在中国女作家头上的乌云——可见其对中国文学的深远影响。作为张爱玲粉丝的亦舒师太，古怪傲气，唯独对张爱玲谦恭，称自己把张爱玲的书"一向当圣经"。

出名太早，鲜花与掌声就显得廉价，这让张爱玲对人对物更为疏离。所以，冷艳的张爱玲遇到内心强大（其实是脸皮厚）的胡兰成时，她只有彻底沦陷的份儿。为什么？人家胡兰成根本不讲究谦谦君子那套。有例为证，他们在一起之后，胡兰成曾经向张爱玲坦言自己爱上了一个女子，但同时又强调他们没发生关系。张爱玲只得用张氏幽默嘲讽："难道他要我送他一枚奖章不成？"

遇到胡兰成那年，张爱玲23岁，没有经历过爱情，所有的风花雪月、红袖添香都是想象出来的。在认识胡兰成之前，她生活在自己的想象里，清冷孤傲；遇到胡兰成之后，她沉浸在棋逢对手的自我陶醉里，热烈而孤勇。

1944年1月24日是旧历的除夕，胡兰成刚从狱中释放，赋闲在南京的家中，百无聊赖，随手翻开好友苏青寄来的《天地》月刊，看到一篇名为《封锁》的文章，劈面惊艳，特别是结尾那句："封锁期间的一切，等于没有发生，整个的上海打了个盹，做了个不近情理的梦。"

胡兰成对《封锁》中这种微妙尴尬的局面，有着切身体会。当时的他正被"封锁"在南京丹凤街石婆婆巷20号这座小小的院落里，夹在汪精卫与日本人之间无所适从的困境中，这何尝不是一种封锁呢？

这个瞬间惊艳到他的作者，名叫张爱玲，平凡得近乎平庸的名字印入了他的眼底，也刻进了他的心中。

于是他兴冲冲地致信给苏青，想了解更多关于张爱玲的信息，问是男是女。过了很久，才盼来苏青的回信，苏青也够直接，只有冷冷的短短一行字："我给你回答了：是女子。"胡兰成一阵失望，估计心里抱怨苏青驽钝。难道他真的不明白，苏青是不愿意他们联系上吗？

不过，苏青随后寄来了《天地》第四期，里面有张爱玲的散文《道路以目》，竟然还有一张她的照片——20多岁的女子，倨傲、疏离，完全拒人千里的模样。

照片上的张爱玲瞬间吸引了他：能写出这样惊艳脱俗文

字的女子,在爱情里会是一副怎样的模样?想到这些,胡兰成再也按捺不住自己奔腾的内心。

此时的胡兰成被汪精卫幽禁,困居南京,还不能马上回上海。几个月后,他终于彻底获释,获释后第一件事,就是奔赴上海见苏青。苏青热情地接待了胡兰成,却直接被胡兰成打脸——屁股还没坐热,他就开门见山地要张爱玲的住址。

失望在苏青脸上立现,但她很快调整了情绪告诉他,张爱玲不见客。随后不无幽怨迟疑地问:"其实,何必一定要见呢?"

胡兰成喜欢上了张爱玲的小说,继而对张爱玲产生了好奇,一定要见她。用钱锺书的话说胡兰成就是吃掉了那个蛋,还想知道下了如此惊艳一个蛋的母鸡是芦花鸡还是茶花鸡。

他跑去问苏青要张爱玲的地址,苏青当时心里五味杂陈,虽然知道胡兰成并不中意自己,但心里还是有"我本将心向明月,奈何明月照沟渠"的挫败感。

于是,苏青迟疑了好一会儿才回答:"张爱玲她不见客。"胡兰成表示没关系。然后苏青很勉强地把地址给了胡兰成:静安寺赫得路192号爱丁堡6楼5室。

胡兰成第一次见张爱玲果然吃了闭门羹。然而胡兰成很坦荡地留下了写着自己地址跟电话的字条,施施然而去。

胡兰成深谙:不是所有的事情都可以如愿以偿,但所有的事情都值得一试。

真正见了面,满以为会见到娇小玲珑、眉目如画、气质冷清的美女的胡兰成,在见到张爱玲后,意识到自己想多了。他第一觉得张爱玲个子太高,二是觉得她坐在那里,幼稚可怜,不像作家,倒像个未成熟的女学生。

虽然有些小小的失望,但胡兰成依然与张爱玲相谈甚欢,从品评时下流行作品,到问起张爱玲每月写稿收入。一个大男人对一个初次见面的姑娘问收入多少,不免冒昧。

无论是现代还是古代,钱都是个敏感的词,特别是异性之间谈论钱。

这不相当于急吼吼地告诉她"我不仅倾慕你的才华,更倾慕你口袋里的钱"吗?然而有趣的是,爱玲姑娘并没有发恼,竟对他如实相告。真是应了那句话:什么样的气场,吸引什么样的人。

气场决定爱情取向,也决定你吸引男人的类型。胡兰成和张爱玲的确是气味相投的。

天色渐暗,张爱玲送胡兰成到弄堂口,并肩走着,胡兰成冷不丁地说了句:"你的个子这么高,这怎么可以?"

张爱玲一愣,起了反感。就像胖子不喜欢人家说她胖,高妹也很在意人家说她高。其实,胡兰成想表达的是,两人是否般配,也是为了进一步拉近他和爱玲的距离。

当然这只是个小插曲,张爱玲也并非心胸狭隘的姑娘,虽然有些不爽,但并没表现在脸上。而胡兰成毫无察觉,还笃定地说道:"明天我来看你吧。"虽然是询问的语气,其实已经是约定。

还未等爱玲姑娘回答,胡兰成就转身离开,留下了一个潇洒的背影。张爱玲看着他渐行渐远的背影,有点呆了,这完全没按照她想象的剧本去演啊。

张爱玲之所以能与胡兰成这样畅谈,首先必须肯定的是胡兰成的谈话艺术,另外就是张爱玲本身也需要倾诉。傅雷在《万象》刊登了一篇上万字的评论文《论张爱玲的小说》,对张爱玲大热的作品,如《金锁记》《倾城之恋》等小说提出了批评,并且直接言明张爱玲无论是语言风格还是结构、人物,很大程度上参照了《红楼梦》。这位声名显赫的翻译家,甚至大胆地预测了张爱玲正连载的《连环套》和《十八春》这两部小说接下来的故事脉络。

不知道傅雷的"预言"是不是真的,但张爱玲的《十八春》《连环套》没有再连载和出版。小说还没写出来,就因为一篇评论而夭折了,天才张爱玲的郁闷可想而知。年少成名带来的副作用就是"抗挫力"很弱。而且最重要的一点,写作是张爱玲这个世人眼中的"天才"能向这个世界证明自己的最好方式,这样公开被批评,还是被一位当时声名显赫的翻译家批评,张爱玲急需一位了解她、支持她的人,来分担这种挫败感。

刚好此时,胡兰成出现了。

后来看傅雷写给儿子的家书,不难想到傅雷正是基于对张爱玲的欣赏,希望张爱玲能超越自己,才有了那篇万字评论,因为他对自己的儿子同样毫不留情:"你看过多少书?!"

总是揣测,如果张爱玲能跟傅雷有一次喝着茶聊着天的沟通,会有什么结果——大概张爱玲就跟胡兰成没什么关系了。

## 爱是尘埃中开出的花

胡兰成向张爱玲谈了自己的坎坷经历,在谈及仕途挫折入狱时,张爱玲情不自禁地讲述了当时陪苏青去找周佛海搭救他的往事。

胡兰成本不知此事,现在他发自肺腑地感激,感激张爱玲的行侠仗义,却完全忘却了这件事的主导者苏青——那个为了他免除牢狱之灾而四处奔走、倾尽全力的女子。

付出是讲求回报的,而苏青的付出却激不起胡兰成的一丝感动,更别说回报。

胡兰成清楚,他的出狱并非周佛海的功劳,因为他和周佛海之间矛盾很深,这是张爱玲无从知晓的,但无论如何他感激张爱玲对他的同情和支持。

当晚,他给张爱玲写了一封信,更像是一首诗,张爱玲回信说:"因为懂得,所以慈悲。"从此,胡兰成每隔一天便去看望张爱玲。谁知看了四五次后,发觉张爱玲似乎很烦恼,对他有些忽冷忽热。

他自我感觉良好地认为,张爱玲一定是爱他爱得无法自拔。殊不知,是张爱玲的姑姑张茂渊找她深谈了一次,反对他们来往。正如三毛在《滚滚红尘》里的那句台词:"这种人说好听点,是文化官;说难听点,是汉奸。你干干净净的一个大小姐,惹这种人干吗?"张茂渊的问话大约如此。

张爱玲是敬重姑姑的,于是写了一张字条叫人送给胡兰成:"明天你不要来了。"

可是字条送去了,又觉得后悔——走了这么远的路,经历了这么多的面孔,才终于遇见他,难道就这样失之交臂,就这样永不再见?怎么甘心!

她一整天都恍恍惚惚,老是侧着耳朵听电梯响。每次电梯"咣当咣当"地上来,她的心也跟着"嘭咚嘭咚"地提上来,一直提到嗓子眼儿,听到敲门声,更是惊得目瞪口呆,直愣愣地看着姑姑发呆。

张茂渊问:"送牛奶的来了。你怎么不开门?"她低着头不说话。她不敢开门。既怕开门看不到他,更怕开门看到他。其实,张爱玲的纠结完全是自寻烦恼,她太小看胡兰成的抗压能力了。

前面说过,胡兰成的内心极其强大。

尽管张爱玲送来了字条,叫他不要去看她,但他仍然照去不误,以后索性天天都去,坐在张爱玲房中,谈诗论画,一坐便是整日。可见,死缠烂打是胡兰成的杀手锏。张爱玲很少买书,就是觉得《浮世绘》好看,朋友送她,她也不要。每次胡兰成给她送书看,她也是看了当即送还,她从不在家堆书。

她对人对物,只是好意,不愿用情。

她的内心却像个甜俗的小女孩,喜欢闻汽油和油漆的味道,喜欢喝浓茶,穿桃红色的旗袍,会说出"桃红的颜色闻得见香气"这种满是少女气息的话。

这样外表冷艳、内心天真的女子,对于胡兰成来说,新鲜而具有挑战性,的确让他着迷了一阵子。

而她则天真地以为,他真的懂她。

一向对身世讳莫如深的张爱玲,向胡兰成敞开了关闭已久的心扉。这天,胡兰成刚进门,张爱玲就拿出一本书给他看,胡兰成一看书脊《孽海花》,笑道:"怎么想起给我看这个?"

张爱玲笑而不答,翻开第十四回指给他看,然后问他:"这威毅伯和仑樵是何许人，知道吗？"

胡兰成不知她为何突然问起这两人，于是摇了摇头。

张爱玲收起笑容，正色地告诉他："威毅伯映射的是李鸿章，仑樵映射的是张佩纶。一个是我曾外祖父，一个是我祖父。"

说完还拿出张佩纶的照片给胡兰成看。

胡兰成不禁瞠目结舌，他猜到张爱玲出身不差，但他没想到会如此显赫，两个影响了中国近代历史的人物，竟然一位是她的曾外祖父，一位是她的祖父。

两相对比，他不禁想到了自己的家庭，心头涌起一阵身世飘零之感。以出身门第而论，她和他简直是云泥之别，一个在云端，一个在地上。

不过想到张爱玲显赫无比、金光闪闪的出身，又极大地满足了他能结交上层社会名媛的虚荣心。

当然，张爱玲告诉胡兰成自己的身世，并非炫耀，而是想告诉他，她和他口中的那些女人是不同的，在他心中也应该有不同的地位。

胡兰成是结过两次婚的人，他的原配夫人早年病逝，后又娶了第二任妻子。有时候他爱向她炫耀他在女人圈中的艳遇，他的多情，他的狂妄，他的放荡不羁，对她都是一种新鲜的刺激。而他的才华横溢与温情脉脉，更是她不能抗拒的毒药，比鸦片更致命。尽管她笔下的男欢女爱栩栩如生，但她还是第一次喜欢上一个人，一个比她大15岁的男人。她爱他的才华，同情他因"言论"两次入狱，因为这倒真有点像她崇拜的祖父张佩纶。

某天在知乎上看到一个调查题：你和他相爱图什么？

答案五花八门，但有个答案，说到了心坎上。

那人说："那些在我们眼里不般配的感情，恰恰是最贴切的。因为你的缺点一目了然摆在那里，我图的是你那些不为人知的，独独对我而言很受用的好罢了。所以不要一味地责备所谓渣男，你若真不图他一星半点，你傻啊。你既然知道人家是渣男，可又忍不住贴上去，可见你图的那些东西是暂时从别人身上寻不到的。你若当真什么都不图了，自然就会放手。"

张爱玲年轻貌美、才华过人，而且有着贵族的血统；而胡兰成天性放浪、狂妄不羁，还顶着汉奸的帽子。在世俗的眼里，这是一段极不登对的感情。她到底图他什么？

张爱玲从小缺爱，她图的是胡兰成的温情和所谓懂得，而胡兰成图的则是张爱玲出众的才华和头上的贵族光环，还有她口袋里的钞票，当然这是后话。后来他还在报纸上写文章大肆渲染张爱玲显赫的家族背景，同时不忘为自己脸上贴金。

或许，俗世中的爱情，就是各取所需。这样，关系才会持久。

自从知道张爱玲显赫的家世后,胡兰成对她更加殷勤。

有一次,他笑着问:"爱玲,我在家的时候也想你,怎么办?"

张爱玲羞赧地低下了头。

他继续说:"昨晚,我一边读你的小说,一边想见你。可是夜那么深,绝对不能来这儿。见不到你,就是想听听你的声音也是好的,可是又怕吵醒你姑姑。你知道那种感受吗,爱玲?难受极了。"

张爱玲羞涩地笑了,说:"兰成,你到底想说什么呢?不要拐弯抹角了。"

胡兰成说:"我想你送我一张照片,你愿意吗?"

张爱玲从抽屉里找出一张照片,在上面写了一行字。

她把照片递给他,正是《天地》月刊上刊登的,他第一次看到的那张。他高兴地说:"我想要的正是这张!"

张爱玲笑而不语。

他将照片翻过来,背后写着一行字:见到他,她变得很低很低,低到了尘埃里,但她心里是欢喜的,从尘埃里开出花来。

胡兰成不住口地称赞道:"我第一次看到这张照片的时候,就被震住了。爱玲有一种大家闺秀的冷艳,冷不是阴冷,是冷静;艳不是媚艳,是惊艳。"

张爱玲在了解、懂得她的男子面前，卸下了层层面具，低成了尘埃里的花。

在爱情没开始之前，她永远想象不出会那样爱一个人；在爱情没结束之前，她永远想象不出那样的爱会消失。

多少爱情是这样的：故事的开始，我会给你幸福；故事的结局，祝你幸福。

张爱玲和胡兰成亦不能免俗。

## 相思与倾情都曾真心

关于"胡兰成到底爱没爱过张爱玲"这种话题，一扯出来，就会引发一场无休无止的口水战。有人说，胡兰成是无耻到骨子里的无赖，他对张爱玲没有爱，他对所有女人都没有爱，如果说这个世界他还有爱的人，那就是他自己；也有人说，胡兰成是爱过张爱玲的，只不过，他爱自己更多而已；还有人说，他是爱张爱玲的，张爱玲在他心里终究跟别的女人不同。

胡兰成到底爱不爱张爱玲，有多爱，已经无从知晓。张爱玲到底是不是如她自己所说真的不爱了，连胡寄去的书稿，她也觉得看了好笑，还讥诮它们带着宁波乡下的味道……种种这些也都无从得知。

只是突然想起一个桥段，很多年前看过的一段明星访谈类的节目，主持人是沈殿霞，而邀请到的嘉宾是郑少秋。沈殿霞是情商很高且性情豁达的女人，前面的采访进行得很顺利，在采访快结束时，她问："我有个问题想问你很久了，今天借这个机会问问你，你只需回答 Yes 或 No 就行，究竟多年前，你有没有真正地爱过我？"郑少秋沉吟了片刻，然后回答得很认真："很爱你！"在得到郑少秋肯定的回答后，沈殿霞松口气，眼泪就畅快地流了下来。

乐观豁达如沈殿霞，也要纠结于旧爱是否真的爱过，她真的做不到心里希望的云淡风轻。纠结，是因为放不下，是怕当年自己一片真心错付。郑少秋是为了安慰她，还是真的爱过她，已经不重要，重要的是沈殿霞需要给自己一个交代，在漫漫长夜咀嚼回忆的时光里，还可以有一丝温情来温暖自己。

我们都愿意相信在某个瞬间，某个时刻，郑少秋是爱过沈殿霞的，同样也愿意相信，胡兰成与张爱玲也有彼此真正倾心的时候。

在他们交往的最开始，张爱玲刷新了胡兰成"惊艳"一词的定义。张爱玲带给他的惊艳，是无论过去多少年，也依然清晰如刀刻般的深刻。

这种深刻，是爱情里最真实的沉淀。一般情况下，没有"见光死"的两人,都会有发展的可能,但是由于胡兰成的政治立场跟他的一些言论,张爱玲在决定是否与他交往时,也有矛盾与烦恼。

有真正的心动,才有真正的烦恼,胡兰成自然明白,所以他对张爱玲绝交的字条视而不见,照样拜访,给了张爱玲台阶,张爱玲也乐得接受,于是两人继续交往。

张爱玲爱钱众所周知,她对此也毫不忌讳,"我喜欢钱,因为我没吃过钱的苦,不知道钱的坏处,只知道钱的好处"。即使面对亲人,张爱玲在金钱上也不含糊,"用别人的钱,即使是父母的遗产,也不如用自己赚来的钱来得自由自在,良心上非常痛快"。但张爱玲同时也认为"能够爱一个人爱到问他拿零用钱的程度,都是严格的考验"。应该说,胡兰成自私、花心,甚至寡情,但是他对女人从不吝啬。他从日本人手里拿到了办报纸的经费后,直接拎了一箱子钱交给了张爱玲。而孤傲如张爱玲,能接下这笔钱,就表示她认定了胡兰成。

家事变迁,战争离乱,人情冷暖,都让张爱玲感到了世事无常,动荡不安。在乱世下,真的很难把握自己的命运,张爱玲觉得与其继续焦虑无法把握的未来,不如享受当下。

她享受胡兰成带给他的心灵交流,并不在乎胡兰成的政治倾向。胡兰成在与张爱玲交往之前,已经与南京的一位舞女建立了一个家庭。在付出了不小的代价后,胡兰成离了婚,解除了与舞女的关系,恢复了单身,与张爱玲结婚。

在1944年的暮春,张爱玲与胡兰成写了两份婚书,一人一份。"胡兰成张爱玲签订终身,签结为夫妇,愿使岁月静好,现世安稳。"

前两句是张爱玲写的,后面两句是胡兰成加上的。炎樱是媒证。张爱玲冷清消极,深谙世事无常,但还是希望能与胡兰成签订终身,能用一生做托付,而胡兰成想要的是现世安稳。他所谓的现世安稳,就是墙内红旗不倒,墙外彩旗飘飘,所有跟他有关的女人,都能和平友好相处。

张爱玲是真的希望能低入尘埃,洗手做羹汤,但是胡兰成要的从来不是专注于一个人。所以,这两人做知己比做夫妻更合适。幸亏,他们在一起的时间也很短。

这短暂的日子,被胡兰成写得很漂亮,他说:"我们虽结过婚,亦仍像是没结过婚,我不肯她的生活,有一点因我之故而改变。两人怎样做亦做不像夫妻的样子。却依然一个是金童,一个是玉女。"

说得好听点,胡兰成是没有长大不懂得何为责任的孩子。他的多情也好,滥情也罢,以及他那种坦白到无耻的坦荡,都源于他需要从不同的女人那里获得他需要的东西。胡兰成对张爱玲的爱情里除了被张爱玲的才华吸引外,更重要的是张爱玲让他感受到了一个不属于自己的世界。

张爱玲让他了解到，中国人可能比西方人更幽默，让他深刻地体会汉民族的文化深厚，教会他看日本的白话新诗会，欣赏朝鲜的瓷器，以及古印度的壁画。他原本想以自己深厚的古文挑战一下张爱玲，结果输得彻底。张爱玲甚至成了他的导师，两人同看一本书，他都懒得想，直接听张爱玲的分析。胡兰成自己也说："我却不准确的地方是夸张，准确的地方又贫薄不足，所以每要从她校正。前人说夫妇如调琴瑟，我是从爱玲才得调弦正柱。"

张爱玲以自己绝世惊艳的才情滋养了胡兰成，他们之间的爱恋也真实生动地存在过，深刻地影响过彼此，不然张爱玲不会在几十年后，对许多细节记忆犹新，尽管是带着一丝淡淡的嘲讽，如没爱过，怎会介意？胡兰成从来就不是一个犀利的人，他絮絮叨叨满纸温情，他不喜欢西点，因为张爱玲爱吃，他刻意去买蛋糕吃，以此来拉近与张爱玲的距离。甚至在战乱的炮火中，他喃喃喊出的名字都是"爱玲"。

胡兰成对张爱玲的爱是建立在"懂得"进而"欣赏"上的，这样大的世界里，这样漫长的光阴里，能遇到一个"懂得"自己、且又能甘心情愿"欣赏"自己的人，其实是很难的。从这点来说，张爱玲是幸运的。

对待爱情，张爱玲是爱了就爱了，不问缘由，不强求结局。

不是每个女人都敢爱又爱得起的。你可以认为这是她的消极，但又何尝不是骨子里的底气与傲气？

张爱玲怨恨过胡兰成，也为他长夜不眠泪沾襟，但是，张爱玲从来没有怨妇式地表示自己后悔遇到胡兰成，后悔跟他的这段爱情与婚姻。

因为，她知道，在生命的长河里，那些闪亮的贝壳里承载的相思与心动都是真的。无关对错，只是一种照见。

## 并没有一场倾城之恋

去看了吴宇森的《太平轮》，战乱的岁月，三对情侣的起伏人生，悲欢离合。其中一对情侣，也代表了不同的时空，雅子与严泽坤代表的是即将结束的日据时代，所以他们在夕阳余晖中，沉入海底；周蕴芬与雷义方，他们孩子的出生，家园的重建，雷义方的日记被朗读，代表的是未来与希望；于真与佟大庆，因为这场战争，成全了他们。于真要找的人，一开始，并不是佟大庆。

在剧中，于真说了一句话："你看这世上那么多的人像蚂蚁一样在地上爬，两个人遇见有多幸运。"当战争就在眼前，生死在一线之间，保住性命才是关键，大家会意识到除了生命与爱，其他都顾不上，也都不重要。

这种经历过战火硝烟的爱情，在张爱玲的笔下也有过。《倾城之恋》是她最著名的短篇小说，深刻地探讨了爱情、婚姻以及人性在战乱中的选择与生存。

《倾城之恋》故事的背景也是抗日战争后期，从旧式大家族里出来的白流苏与海归高富帅范柳原，他俩原本是一对相互算计、步步为营、你退我进、各有打算的男女，在经历战争的毁灭、生命的无常后真心实意地步入了婚姻的殿堂。

虽然结局是喜剧，但仍然有淡淡的无奈与悲凉。正如张爱玲所说，"柳原与流苏的结局，虽然多少是健康的，仍旧是庸俗；就事论事，他们也只能如此"。

战争成就了张爱玲笔下男女主人公的婚姻与爱情，却没有成就她自己的婚姻与爱情。

1944年，在政治上郁郁不得志的胡兰成转而创办了《苦竹》杂志。张爱玲自然是鼎力相助。《苦竹》的创刊号就有《自己的文章》《桂花蒸 阿小悲秋》《谈音乐》三篇当时在张爱玲作品中算上乘之作的文章。毫无疑问，张爱玲把自己最用心的作品都给了《苦竹》。而对曾经刊登她的文章最多，不断为她造势喝彩、力捧她的《杂志》则只应酬性地发了一篇《殷宝滟送花楼会》，比起其他小说，这篇小说丝毫没有惊艳之处，而这篇小说也是张爱玲后悔写过的唯一一篇小说。

《杂志》与张爱玲结缘很早。《杂志》的创办人袁殊在看了她的《沉香屑：第一炉香》后，主动上门约稿，向可以做他女儿的张爱玲移樽就教。后来有人评论说是《杂志》让张爱玲红遍上海滩，从而成为当时中国最家喻户晓的女作家。且不说这个传闻是否属实，但《杂志》是张爱玲发表文章最多、交往时间最长的刊物，这一点却是不争的事实。而张爱玲为了帮助胡兰成，根本顾不得人情世故。

张爱玲的亲弟弟张子静与几位同学一起创办了名为《飚》的刊物。其实，当时他们已经约到了如唐弢、董乐山、施济美等名家的稿件，为了增加刊物的知名度，同学怂恿张子静去向张爱玲约稿。

结果张爱玲一点面子都没给弟弟，还没等张子静把话说完，就很干脆地回绝，理由一点也不委婉：张子静他们的刊物不入流，她在上面发了稿会影响自己的声誉。

后来张爱玲也觉得自己拒绝得太过于决绝，就顺手在桌子上拿了一张自己画的素描交给张子静，算是一点补偿。

可以说，张爱玲爱胡兰成爱得六亲不认，还奢望能签订终身，所以才如此倾力相助。只可惜，志在政治而非文学的胡兰成还是辜负了张爱玲的苦心。《苦竹》仅出了四期，从第三期开始就没有张爱玲的文章了，性质由文艺转向时政。

胡兰成是典型的利己主义者，在爱情里，同样如此。

玲自然不像范秀美那样能带给他更实在的爱情,他自然再无暇顾及张爱玲的感受。胡兰成安排张爱玲去了旅店住,他只是白天去看她。

张爱玲在温州与胡兰成、范秀美一起待了20天,常常是三人同行,而他对任何人介绍张爱玲都说是自己的妹妹,介绍范秀美则说是妻子。

不知道是不是范秀美故意,离开温州的前一晚上,张爱玲与胡兰成、范秀美谈话至深夜,胡兰成丝毫没有让范秀美回避的意思,也就是他没有特别的话要对张爱玲说。张爱玲知道,这段爱情已经覆水难收,他们的情路走到了尽头。

第二天,张爱玲离开温州时,天空下着蒙蒙细雨,格外冷清,她独自撑伞站在船舷边,对着翻腾的江水久久流泪。

之后,两人似乎还是没有改变,张爱玲想方设法给他寄钱,捎去生活用品,可见张爱玲心里对胡兰成还没有完全绝望。压垮骆驼的最后一根稻草是范家在胡兰成面前嘲笑张爱玲特立独行的生活习惯,比如用面盆洗脚,这让一直标榜张爱玲高贵的胡兰成感觉自己颜面扫地。更因为胡兰成指责张爱玲不懂得待客之道,不是合格的女主人,彻底激怒了张爱玲——你与我相识的时候,就知道我不擅交际,讨厌应酬,当时的个性到现在全成了错。

当晚吵架后,张爱玲与胡兰成分房而睡(胡兰成取道上海再往温州,经上海时在张爱玲处住了一宿),第二天早上,胡兰成去找张爱玲,张爱玲伸出手抱住他,泪流满面,叫了一声"兰成",胡兰成后来也说"这是人生掷地亦做金石声",这就是他们人生决绝的声音。

张爱玲千里迢迢追寻胡兰成,想成就自己的圆满人生,可惜,就是那样的离乱岁月,也没有一场倾城之恋去成全她的颠沛流离。

## 谁也不过是谁的过客

明窗延静书,默坐消尘缘。即将无限意,寓此一炷烟。
当时戒定慧,妙供均人天。我岂不清友,于今心醒然。
炉烟袅孤碧,云缕霏数千。悠然凌空去,缥缈随风还。
世事有过现,熏性无变迁。应是水中月,波定还自圆。

一炉沉香屑,一尊铜香炉,邂逅了岁月,也斑斓了时光。

1947年,当她对他说"我已经不喜欢你了"的时候,连同苦痛与辛酸,也一并袅袅在了青烟里。

张爱玲是爱胡兰成的,很爱很爱。

的部分。"

张爱玲是清高而孤寂的,内心幽寂的她更希望有一个知己,而久经情场的胡兰成就把自己拗成了一面镜子,映照出了她的绮艳和纯净的少女情怀。

对于这段爱,她不曾后悔过,她以为他真正懂她,所以,虽然知道他风流滥情,却依旧对他"慈悲"。

她一直以为,他是真的希望能够和她在无涯的岁月中,求一世安稳,但显然,她错了!

1945年,第二次世界大战结束,日本战败投降,身为日伪高官,胡兰成不得不化装潜逃、东躲西藏。

这个时候,"大难临头各自飞",和胡兰成划清界限才是最好的选择,而且,这样做,爱玲本应该是全无愧疚的,毕竟,胡兰成就是个彻头彻尾的渣男。但,恋爱中的女子,本就是蒙了心智的。

在她小小的世界中,没有家国天下,也没有孰是孰非,她只知道,他是她的丈夫,是她一生的爱人,她要帮他!

她给了他钱,帮助他逃走,在他落难的时候,冒着被当成同党的危险去看他,他却心安理得地拿着她的钱和别的女人交往,且不止一个,这一切,都让她心灰意冷。

1946年2月,她辗转千里,风尘仆仆地跑到温州去看他,但等待她的却是一场"备胎上位"的戏码。胡兰成再次与别人同居，这一次是逃亡期间认识的范秀美。张爱玲和他因为新欢之事发生争吵，最后黯然回上海。

她回到上海后，胡兰成还写信给她，希望有朝一日能够"众美团圆"，尽享齐人之福。

这一刻，张爱玲的心，冰冷无比。

她的骄傲，她的自矜，她骨子里的坚守，都不容许她再对他"慈悲"，她也不想再纵容一个把滥情当成美德的男人。

那个时候，因为受他连累，她的日子也不好过，生活一度陷入窘境，饶是如此，她还在担心他的生活，还将自己两部剧本的稿费，一共30万元，给了他，当作分手费。

她对他，今世今生，可谓仁至义尽。

# 与桑弧 / 离乱中最大的慰藉

## 黑暗岁月的一抹光亮

1946年8月,上海的天,一如往昔,潮热中带着几许微微的凉,和着夕阳的余韵,张爱玲与桑弧邂逅相逢。

介绍他们相识的,是著名剧作家柯灵。

那一年,他31岁,她26岁。他是文华电影公司小有名气的导演,而她,却是满腹才情空遗恨,背着"文化汉奸"骂名的一朵紫蔷薇。

1946年,抗日战争刚刚胜利不久,举国上下,反日情绪高涨,作为汪伪政府高官胡兰成的妻子,张爱玲也受到了牵连。

爱情已成往事,"文化汉奸"的名号却依旧戴在她的头顶。直到这个时候,出身显贵、少年成名、清冷如仙的她才终于从神坛回到人间。

她是天才,但她也是人,她需要钱来维持自己的生活!

从来没有哪一刻,她对钱的认识比现在更清晰,但时局动荡，举国抗日热潮汹汹，即便是再欣赏她的才华，在如此特殊的时期，也没有哪个媒体愿意和她有所牵扯，她的个性又是那般孤高，不屑去求人，生计维艰，自然可想而知。

而他，就出现在她生活最困顿的时候，如黑暗中的一抹光，虽然微弱，却足以照亮她一直在找寻的归路。

他找她的目的很简单，就是请她写剧本。

一开始，她拒绝了，她虽然缺钱，但并不想糊弄任何人，那与她的性格不符。

她说："我没写过，不擅长。"

他笑着劝她，没关系，我们可以等，我相信你的才华。

最后，她答应了，或许是迫于生计，又或许，只为他唇边那浅淡而温醇的笑意。

一个月后，《不了情》问世。又过了两个月，电影杀青，上映，票房成绩喜人。

桑弧决定趁热打铁，推出第二部电影，于是，他再度找到张爱玲。

张爱玲欣然应允。不久后，中国电影史上颇为经典的悲喜剧《太太万岁》在她笔下诞生。

也就是那个时候，本来只是单纯地想要寻找合作伙伴的桑弧发现，自己已经爱上了这个清冷如仙、风华绝代的女子。

《太太万岁》上映后，一时间大热，张爱玲这个名字也当时，国内的抗日情绪虽然有所消退，但文化界对她的批判却仍如火如荼，《亦报》连载她的小说本就是看"故人情面"，自然不可能让她署真名。于是，他便帮她取了一个笔名——梁京。

西风残照，汉家陵阙，梁京已成往事。

他是在借此向她传达一份情，她懂，但没有做出回应。

《十八春》发表后，他用"叔红"的笔名，发表了一篇评论文章，盛赞"梁京"的文笔，并利用能够利用的一切资源，极力捧红她。

事实上，在当年的上海，"梁京"的确小火了一把，虽然称不上红得发紫，但也确实给她带来了不小的名气和不错的收入。

对他的情谊，她照单全收，想要和他说声"谢谢"，却始终犹豫不定。

她是女人，女人天生是柔和的，但也是倔强的。

男人可以轻易地说"做不成夫妻，可以做朋友"。女人却很少能做到。

那个时候，她便有了离开的打算，只是没有和他说。

1951年，在她离开上海前夕，他带她参加了一个朋友的晚宴。

这个朋友是社会名流，在文艺界很有影响，又是文化局的高官，桑弧与他也是在偶然的机会中相识，并成为挚友的。

他带她来，是想把自己的朋友介绍给她，让她多接触一些人，也让别人多了解她，从而帮她洗去污名，找到更多的出路。但结果，却不尽如人意。

1951年夏末秋初，桑弧和戴琪完婚。

因为怕她看到婚讯受刺激，他特意嘱咐报社的同仁，让他们不要报道自己的婚事。

哪怕，这种报道能够为他博得声名，能够为他的事业增色不少。

这样看来，他终究还是在意她的。

1952年，她走了，他们的故事也结束了。此后经年，他们之间再没有任何联系。

这之后，桑弧凭着《祝福》《梁祝》《天仙配》成了国内著名的导演，与妻子戴琪相濡以沫。

她呢？曾经风华绝代的她在异国他乡漂泊半生，1995年，病逝于加州的寓所，留下的，只有无尽的遗憾。

# 与赖雅/不曾辜负初心与岁月

## 孤岛相逢余生来相识

1955年,在离开上海、客居香港三年之后,张爱玲离港赴美。

三年,一千零九十五个日夜,曾经"花来衫里,影落池中"的张爱玲,已经蜕变成了一个为了生活奔波劳碌的小女人。

她没有绿卡,护照和签证的有效期不足两年;

她是香港大学的学生,但因为战乱,她没有拿到毕业证,就连学生档案,也在日本占领香港的时候被烧毁。

她的母亲在新加坡,姑姑在上海,美国这个传说中的自由之都,对她来说,却是生命的孤岛。

没有绿卡,她随时都有被遣返的可能;没有学历,她找不到任何一份正式的工作;没有工作,赚不到钱,举目无亲的她在美国根本就活不下去。

怎么办?

张爱玲的解决办法是——找个美国男人结婚。

她是这么想的,也是这么做的。1956年,在赴美一年后,张爱玲和美国德裔白人作家甫德南·赖雅结婚。

那一年,她36岁,他65岁。她们的婚礼很低调,没有宴请亲人和朋友。

姑姑张茂渊和母亲黄逸梵虽然并不看好这段婚姻,但也没有说什么,因为张爱玲已经怀了赖雅的孩子,别人还能说什么呢?

在著名影评家夏志清看来,张爱玲和赖雅的婚姻太过草率,对她本人不公平,张与赖的婚姻中,只有恩,没有情,更没有爱。

然而,子非鱼,安知鱼之乐,婚姻这种事,如人饮水,冷暖自知。

张爱玲与赖雅结婚11年,公开谈论他的时候很少,赖雅死后,张爱玲也没有发表过任何关于他的文章。

但有的时候,最深沉的情感恰恰是无言的。

1956年3月13日黄昏,她和他在麦克道威尔文化营邂逅相逢。

相见的第一眼,她就觉得,他是自己宿命中的那个人。

他们谈了很久。

谈文艺，谈人生，谈她的作品，谈美国的主流社会，谈他的理想，谈过去，谈现在，谈将来，谈婚姻，谈阅历，越是相处，越是相交，便越有一种"同是天涯沦落人，相逢何必曾相识"的感觉。

1956年7月，她写信给他说怀了他的孩子。他向她求了婚，但要求她堕胎，不要孩子。

8月18日，他们结婚。

这段婚姻，一直都不被外界看好。有一位上海滩的知名文化人，还特意发文，说张爱玲嫁给赖雅，就是想利用赖雅在美国站稳脚跟，当赖雅失去利用价值之后，张爱玲就会一脚把他踢开。

这样的揣测，虽然不乏恶意，但也确实有真实的成分。

张爱玲在与友人的书信中，也实话实说过，自己一开始的确是存着一点点的功利心，想要利用赖雅拿到绿卡并熟悉美国，在完全陌生的白人国度找一个依靠。

但随着和赖雅的相处日深，张爱玲却真的爱上了赖雅。

张爱玲出身封建贵族家庭，虽然身世显赫，但从小到大，从来都没有得到过父亲的爱，和母亲的关系也比较冷淡。

越是得不到的东西越渴望，这是人的天性，张爱玲也不例外。因此，她总是下意识地对比自己年龄大的男人情有独钟。

胡兰成如此，桑弧如此，赖雅也是如此。

只不过，胡兰成的多情，让她的心支离，桑弧的沉默，让她的爱破碎，反而是最不被看好，已经江郎才尽、日薄西山的赖雅给了张爱玲真正的幸福。

赖雅年轻的时候，的确风度翩然，卓有成就，和好莱坞许多影星都有过合作，但1956年，65岁的他早已失去了创作的动力与能力。

爱玲与他，从来都是他依靠爱玲要多一些。

17岁那年，韶华灿烂的张爱玲满眼沧桑地说："生命是一袭华美的袍，爬满了蚤子。"

在很多人眼中，赖雅就是她衣袍上的"蚤子"，不但不会给她增彩，反而只能让她浑身不舒服。但张爱玲却把这件"爬了蚤子"的"衣袍"整整珍藏了11年，爱不释手。

他们性格不同、年龄差距悬殊，受教育程度、政治背景、文化背景也迥异，就像两条毫不相干的平行线，但婚后，她们没像人们想象中的那般火星撞地球，反而，相交成了一条直线。

这委实有些不可思议，但细细想来又理所当然。

张爱玲与赖雅结婚，有现实的考虑，也有心伤后的自暴自弃，但无论如何，对她而言，和赖雅在一起，日子虽然很苦，却是充满温馨与快乐的。她是真的感到幸福，若不然她也不会为了给他治病而拼命写作，写得自己眼睛溃疡出血了都在坚持。

宋淇为她不值，她只是淡淡地笑，并不辩解，因为她知道，自己觉得值得就好。

1956年到1967年，11年的时间，张爱玲的生活虽然依旧飘零，但她的心却是安乐的。

赖雅晚年多病，数次中风，临终前两年，更是瘫痪在床。张爱玲从来都没嫌弃过他，给予了他最悉心的照顾，陪他走完了人生的最后一段旅程。此后三十多年，张爱玲选择了离群索居，直到1995年在加州逝世，她都坚持要求别人称呼自己——Mrs. Reyher。

## 平凡世界的安定喜乐

"人生是在追求一种满足。"张爱玲曾经这样说。

1956年，赖雅在美国文艺界已经是过去式，他写的剧本不再有人问津，经济非常拮据，他没有固定的住所，没有固定的工作，体弱多病，他能给张爱玲的，除了一张绿卡，便再也没有其他。饶是如此，张爱玲还是嫁给了他。

和赖雅结婚后，她的日子过得清苦，曾经的千金小姐，不得不为了生计劳碌奔波，但她却是满足的。

怀上他的孩子固然是一个原因，但最重要的还是，张爱玲在赖雅的身上，寻找到了一份久违的安定喜乐。

张爱玲喜欢喝咖啡，但她自己不会煮，也不愿意煮，赖雅不同，他很愿意宠着年轻的妻子，花费一个上午为妻子煮一杯咖啡，在他看来，是一件比写作更快乐的事情。

而这种被宠溺的感觉，张爱玲渴望了好多年，祈盼了好多年，却从来没有谁真正地给过她，除了赖雅。

从1956年结婚后，张爱玲和赖雅就辗转于美国的各个文艺营。

赖雅喜欢美国乡村平和宁静的生活，张爱玲却喜欢大都市的繁华，纽约、旧金山、华盛顿，是她心中的艺术天堂。

在张爱玲看来，在大都市里，她的作品被认同和接受的机会要更多一些。深知美国文艺圈是是非非的赖雅不以为然，可看着妻子踌躇满志的样子，他却愿意装作一无所知，愿意放弃乡间的安宁，陪着她到大都市去碰壁。

大都市里，生活成本很高，赖雅和张爱玲又都没有固定收入，一间月租61美元的公寓便足以将他们的生活拖垮。

为了生存，为了让妻子过得好一些，赖雅不得不重新执笔，写一些在他看来很"烂"的剧本，只因为，那能换来钱。

1958年9月30日，张爱玲迎来了自己38岁的生日。

在旧金山的寓所中，张爱玲和赖雅一起，用仅剩的一些但她却甘之如饴。

在张爱玲看来,和赖雅在一起,便是幸福。

不是因为爱情,而是因为他给了她期盼了一辈子的温暖。

张爱玲出身封建大家族,童年却并不快乐,她的父亲是个典型的败家"富二代",不仅不务正业,而且吸毒养小三。父母离婚后,父亲再娶,继母对张爱玲并不好。有一次,继母诬陷张爱玲打她,父亲不问青红皂白就把张爱玲毒打一顿,并关进小黑屋,她得了沉重的痢疾,病得要死,父亲都不替她请医生,也不给她药吃,更不肯放她出来。

如此残酷的经历,给张爱玲留下了沉重的心理阴影,这片阴影,在胡兰成负情之后被扩大到了极限。

很多时候,张爱玲都想一死了之,但她又没有死的勇气。被伤得千疮百孔之后,她只希望能有一个人给她一丝温暖,给她暗沉的人生带来一丝亮色。

而赖雅,就是这个人。

赖雅不够浪漫、不够多才,但却足够体贴、足够温醇。

和赖雅在一起,张爱玲有一种被宠爱、被呵护的感觉,这才是张爱玲穷极一生所追寻的温暖。

## 因为懂得,所以慈悲

1967年,赖雅逝世,恣情而热烈、孤高而冷艳的张爱玲,从此离群索居。

因为,懂她的人,都不在了。

生长在勾心斗角、尔虞我诈的大家庭,张爱玲就像看惯了世态炎凉的评论家,眼中总是写满了沧桑。

她不信任任何人,包括她的父母。

胡兰成最先闯进了她的生活,她对他原也是不信任的、排斥的、抵触的。但最后,她还是愿意和他相恋。

她的理由只有一个,便是张爱玲自以为的"他懂她"。

有一次,胡兰成给张爱玲写信,说:"因为相知,所以懂得。"张爱玲的回信就是:"因为懂得,所以慈悲。"

胡兰成的多情是天生的,他身边的女人很多,他也爱身边的每一个女人,就像大观园中的贾宝玉。

张爱玲呢,她不是薛宝钗,她是林黛玉,敏感、脆弱、清高、多才。

宝玉和黛玉的爱情,本就是一场悲剧。

张爱玲与胡兰成的邂逅,也是她一生中的一场劫数。

这场劫，避不开，她也不愿意避开。

"于千万人之中遇见你所遇见的人，于千万年之中，时间的无涯的荒野里，没有早一步，也没有晚一步，刚巧赶上了，那也没有别的话可说，惟有轻轻的问一声：'噢，你也在这里吗？'"

"我在这里！"张爱玲曾经热烈而满怀期盼地对他喊，只是，他没听见，或许，是听见了，也不愿意做出回应。

胡兰成是"江南才子"，她倾慕他的才华，他恋上她的惊艳，琴瑟相合，自然而然就走到了一起。

赖雅也是如此才走进了张爱玲的心里。

少年成名的张爱玲，身无长技，一生之中，最骄傲的事情便是自己的才华。

要懂得她的人，首先要懂得她的文。

1956年，赖雅和张爱玲第一次在麦克道威尔相遇后不久，张爱玲便将自己新写的英文小说《秧歌》拿给他看。

赖雅读懂了《秧歌》欢乐背后隐藏的一丝哀凉，也给这篇不中不洋的小说加入了许多美国元素。在赖雅的帮助下，张爱玲对美国的本土风俗和文化背景有了一定的了解。《秧歌》出版后，她也算真正在异国他乡有了立足之地。最起码，她自己是这样认为的。

因为懂得，张爱玲给了赖雅足够的"慈悲"。

赖雅没有正式职业，没有固定住所，生活拮据，并且年事已高，体弱多病。除了一张美国绿卡，他什么都给不了张爱玲，但张爱玲还是义无反顾地与他在一起。

许多人为张爱玲惋惜，替她不值，但设身处地地站在张爱玲的角度想一想，也许，赖雅才是她最好的选择。

赖雅懂她，不仅懂她的文字，也懂她的心，懂得她心中隐藏极深的脆弱，懂得她如豌豆公主般的凄清自怜。

他们走到一起，甚至应该说张爱玲允许他走进自己的心里，又何尝不是张爱玲对自己的慈悲。

和赖雅在一起，生活很苦，居无定所，颠沛流离，11年来，她一直都在为他的病奔波劳碌，但她无悔。

从来没有一个人像赖雅一样宠溺她、呵护她、纵容她，也从来没有一个人像赖雅一样依赖她、喜爱她、心无旁骛。

赖雅给了她整个世界，也把她当成了自己的整个世界。

单单这份情谊、这份懂得，对张爱玲来说，就足够了。

她爱赖雅或许并不像爱胡兰成那般炽烈，更多的时候，她把他当作亲人远胜于爱人。她与他相依为命，而恰恰正是这种相依，悄无声息中，沉淀成了世间最无瑕的情感。

赖雅给张爱玲的，不是物质上的享受，他也给不了，他给她的是一种精神上的慰藉，灵魂上的温暖。

在张爱玲的一生中，胡兰成是锦上添花的那个人，赖雅是雪中送炭的那个人,所以,虽然都是懂得,但最后,张爱玲选择的是赖雅。

因为相知,所以懂得;因为懂得,所以慈悲。

中　卷

家事：所念人，所感事

更要紧的是，他又结交了一位"同年"——日后如日中天的曾国藩。要说这李文安虽然内向，却跟曾国藩关系极好，还安排两个儿子李瀚章和李鸿章拜曾国藩为师。这可以说是李文安对李氏家族做出的最大贡献了。

李鸿章天资聪颖，从小就表现出异于常人的机敏反应。据说，他父亲曾随口出了一联考李鸿章，上联是"风吹马尾千条线"，这上联刚念完，李鸿章就将下联脱口而出——"日照龙鳞万点金"。

天资聪明加上刻苦勤奋，又有名师点拨，李鸿章唯一要等待的就是长大，因为长大便可以参加科举。24岁那年，李鸿章中了进士，第一个职位就是翰林院的庶吉士。此后，李鸿章步步为营，很快便青云直上，又创建了"李家军"——淮军，从而扎稳了自己的根基。在创办淮军期间，他结识了张印塘，又在张印塘去世之后，提拔了其子张佩纶。出于对同类，也就是对青年才俊的欣赏，李鸿章对张佩纶一直青眼相加。

张佩纶失势后，李鸿章还常常约他品酒论诗。听说他刚没了妻子，甚至还暗示他来提亲，好将自己的掌上明珠嫁给他。

李鸿章的千金名叫李菊耦，正当韶华，且知书达理。李府的人听说大人要将小姐下嫁给张佩纶，都暗自为小姐抱不平。不知张佩纶有什么好的，年届四十，脾气怪异，长相又普通，最要命的还是一个结过两次婚的发配之臣，可谓落魄至极，实在配不上自家的千金小姐。但最后，李菊耦居然应允了，按她的话说，她是相信爹爹的眼光。而这两人的结合也将张家声势推向了顶峰。

二人的姻缘，是从一段美妙的相遇开始的。据说这段奇缘在曾朴的《孽海花》里也有妙笔如花的渲染。

一日阳光和煦，微风轻拂，张佩纶像往常一样登门拜访，与李鸿章谈论政事。巧的是，他刚踏进房门，却是一愣。眼前竟伫立着一位二八佳人。晃过神的张佩纶旋即退身回避。可这一切却被李鸿章撞见，他急忙喊道："贤弟进来，这是小女！"随后，李鸿章又要求女儿来拜见这位"张师兄"。

偶遇才子，佳人自是双颊绯红，行了礼便退了出去。李菊耦走后，张佩纶便看到桌子上留下一本书，打开一看，居然是佳人写的诗，其中两首还专门提到了中法战争。

张佩纶读罢，心情久久不能平复，想到自己为国操劳半生，竟得到闺房女子的垂青，不免感到一丝安慰，连眼圈都红了。

李鸿章看出了苗头，便暗示他自己的女儿也到了该出嫁的年龄了。张佩纶听懂了李鸿章更深层的意思。回家后不久，便托人来提亲。而那位小姐早在闺中就已经暗慕张佩纶的才情，自然应允。于是，张、李两家渊源更深了。

关于此事，幼年张爱玲曾向父亲打探，但得到的答案却比如一天中的绝大部分时间都要用来埋头苦读，而且挨打、罚跪说来就来。要说这些苦读的事一般人也能理解，但张志沂不一般的地方就在于：对于母亲另外一些莫名奇妙的做法，他也能接受。比如，母亲总是给他找来一些不时兴的，甚至是不辨男女的艳俗服装，就连鞋子都是绣花的。而她母亲的教子观念更是令人无法理解，她认为一个男孩穿得太好看，就会学坏，进而染上恶习，沦为一个只能丢家族脸面的纨绔恶少。为此，她不惜牺牲儿子作为一个男孩的自尊。而少年张志沂却毫无怨言地在仆人和邻居怪异的眼神中换上母亲为他选定的衣衫。

李菊耦虽然对自己的儿子异常严厉，但对自己的女儿张茂渊却格外开明，允许她穿男装，还可以学习西方文化。对儿女的不同态度，导致了张志沂从小就承受巨大的压力，并且，光耀门楣的重任更是像无形的枷锁一般，束缚了他一生。

1905年，科举制度被废除，这下，张志沂彻底迷失了。因为这意味着他永远不能通过科举光耀门楣了。

一个一心想要通过科举平步青云的人，除了读书，别无长物。既不会做生意，又不善于从政。张志沂唯一能指望的便是祖先的积蓄，然后依靠这些积蓄闲散地过完一生。

长大后的张爱玲还记得父亲独自在书房内踱步，拖着长声，大声背诵诗文的样子，既孤单又可怜。

几年后,李菊耦也去世了。这时的张志沂刚满16岁,妹妹张茂渊才11岁,两个可怜的孩子只能跟着他们同父异母的二哥张志潜生活,一直到张志沂成家之后,兄妹二人在一段时间内还依靠着二哥生活。

张志沂19岁时经人介绍与张爱玲的生母黄家大小姐黄逸梵结合。黄逸梵即首任长江水师提督黄翼升的孙女。

虽然家世衰败了,但张、黄二人的结合依然是金童玉女式的结合,令人称羡。然而婚后两人仍一直在二哥管制下生活。二哥张志潜虽然有钱,但是日子过得极为简朴,又秉持着旧式家长的威严,所以对弟弟弟媳一家的管教非常严厉。虽然弟弟很无奈,但也没什么办法。可弟媳就不一样了,一旦管束得严厉了,她便使出自己的应对方法——回娘家。对于在二哥管制下的生活,张子静曾经回忆道:"二伯父是祖父与第一位夫人所生(大伯父早夭),与我父亲相差28岁。他虽未在外面工作,但一向稳重持家,俭朴过日。例如冬天我们去他家辞岁拜年,他们用的是早已过时的取暖器,只有亮光,并无热气。他们家也有电话和小轿车,但那辆菲亚特是老爷车,常常抛锚,二伯父还不舍得换辆新车。"

关于这一点,张爱玲的小说《小团圆》中的蕊秋也说起此事,并且满腹怨诽,"从前提亲的时候,呵哟!讲起来他们家多么了不起。我本来不愿意的,外婆对我哭了多少回,能感受到的父爱是很有限的，更是无常的——这是只有父亲心情好的时候，才能享受到的待遇。更多的时候，他们尝到的父爱是苦涩的、粗暴的，甚至是充满虐待的。

## 继母孙用蕃·一生中最厌恶的人

在张爱玲凉薄的一生里，或许最不愿谈及的就是她的继母——孙用蕃了。这个用一巴掌将她打出张家的女人，在张爱玲的笔下是个跋扈恶毒的后母形象。张爱玲对她没有一丝一毫的好感，与她的相处仅仅三年，却对她痛恨一生。

孙用蕃出身名门望族，祖父是清光绪皇帝的老师，父亲孙宝琦曾两度任北洋军阀时期的国务总理。孙宝琦一生娶了一妻四妾，育有8子16女，据说个个品行端庄，使得京城内的豪门大户都争着跟孙家攀亲，甚至有"孙家的女儿大家抢"之说。因此，孙用蕃虽算不上相貌出众，但是，有着这样的出身，即使到后期家道中落，毕竟家门的底子在那里，是根本不愁嫁的，又怎么会屈尊嫁给恶习缠身又带着两个孩子的张志沂呢？

这可全都是拜她一段不算光彩的青涩恋爱所赐。孙用蕃在年轻的时候爱上了出身贫寒的表哥，用情至深，甚至偷吃了禁果，然后满心欢喜地等表哥来提亲，想着和表哥一起夫妻恩爱到白头。然而现实是残酷的,一向比较注重用联姻的方式来稳固自家地位的孙宝琦对此极力反对。

即便拗不过父亲,孙用蕃也固执地非表哥不嫁,于是,跟表哥约好服毒自杀殉情。无奈,怕死的表哥反悔了,孙用蕃也活了下来,从此,一个青春少女像被掏空了灵魂,带着被背叛的耻辱,对爱人的憎恨,她开始沉沦,吸上了鸦片。看她这副样子,父亲也不再宠她,再加上后来家道衰落,上门提亲的人越来越少,她嫁不出去只能待在家里,终日无所事事,这一待就错过了最好的年华,一直到36岁了才得以与张志沂谈婚论嫁。

纵然自己算不上年轻貌美,孙用蕃还是自恃出身名门望族而心存几分骄傲。她对张志沂并不十分满意,但是,年老色衰的她也似乎没有太多选择的余地了,于是只好"下嫁"给了张爱玲的父亲张志沂,不管怎样,她终于不用再待在家里忍受闲言碎语,为自己找到了一个可以安身立命的角落,她定然是要好好珍惜的。

然而,继母不好当啊,再加上孙用蕃恰巧遇上的是处于青春期的张爱玲,两人又各有各的骄傲,性格都属于受不了委屈的类型,所以两人之间的小争吵时有发生。

在孙用蕃眼里,张爱玲是个脾气古怪、敏感、养不熟的白眼狼,而在张爱玲的眼里,孙用蕃是个吸鸦片的坏女人,是个凶恶的母夜叉,不仅世俗,而且外貌和内在都无法与母亲比拟,就连她的朋友,张爱玲也是心生厌恶的。

那时候名门淑媛陆小曼,就常被孙用蕃邀来家中做客,她们是多年好友,一起喝茶聊天,然后躺在烟榻下吞云吐雾。虽然陆小曼满腹才华,但是,张爱玲并不喜欢她,常常对她视若无睹,这些继母都看在眼里,心中隐隐地有几分不爽。

不过,在刚嫁到张家的时候,孙用蕃是试着讨好张爱玲的。她把自己从娘家带过来的一箱子旧衣服送给张爱玲,却被看惯了母亲黄逸梵各种新潮服饰的张爱玲视为破烂和耻辱,如此,孙用蕃这一举动不仅没有拉近彼此的距离,反而恶化了彼此的关系。

多次讨好却反被嫌弃,再加上虽然张爱玲的母亲出国留学了,但是张爱玲的姑姑却以她为轴心,两人形成了一个团结紧密的爱的小集团,孙用蕃根本插不进去。最重要的是,在感情上受过伤的孙用蕃极度缺乏安全感,在得知自己的丈夫似乎依旧对前妻余情未了后,虽然跟这个前妻素未谋面,但在她心里已经将她树为头号情敌。她不再刻意讨好张爱玲,甚至不屑再做一个好后母,而是将全部重心都放在了守护好自己女主人的地位上。

为了捍卫自己安身立命的家,她不惜一切代价,努力将有关黄逸梵的一切从张家的屋子里清除掉:举家搬迁,清理屋子，换掉所有黄逸梵留下的佣人，把新家布置成自己喜欢的模样。并将经济大权揽入自己手里，对前任女主人留下的两个孩子加以防备，尽量减少孩子与亲生母亲的联络……

然而没过多久，张爱玲中学毕业了，为了女儿的前途，黄逸梵特意从国外回来，想带女儿出国留学。

分别多年，张爱玲尤为想念母亲。母亲回来后，张爱玲自然开心得很，天天往母亲的住所跑，就连张志沂的脸上也多出几分喜悦，对此，孙用蕃很是心慌，张志沂和黄逸梵之间就算再没有感情，他们还有子女，远比自己和他尚处于飘摇状态的感情深厚牢固多了。如果哪天自己被舍弃了，也无人牵挂，从此孤苦一生。每每思及此，孙用蕃的内心就变得烦躁不安起来。

有一天，张爱玲从母亲那里回来，跟父亲商量出国留学的费用时，站在一旁的孙用蕃怒了，当场骂道："你母亲离了婚还要干涉你们家的事。既然放不下这里，为甚么不回来？可惜迟了一步，回来只好做姨太太！"

仔细分析这句话，就不难看出，让孙用蕃愤怒的并不是张爱玲本身，而是她的母亲，她要捍卫的也只是自己在丈夫心中的地位，是一种压抑多年的嫉妒的发泄口。

只是，那时的张爱玲还不懂这些。在张爱玲眼里，这个烟鬼继母是个"暴政"巫婆，不仅讨厌她，还因为她去母亲眼了，虽然弟弟是无辜的。

为此，张爱玲年幼的时候便懂得发愤图强，事事都要强于自己的弟弟。而凭着自己年龄上的优势，张爱玲要胜过更年幼的弟弟简直易如反掌：她比弟弟大，会说更多好听的话讨好大人，而且身体也比弟弟更壮实，能吃到很多弟弟吃不到的好吃的。

而弟弟呢，体弱多病，因此很多东西都要节制着吃，所以非常馋，病在床上，还哭闹着要吃松子糖（松子仁磨成粉，掺入冰糖屑），大人们为了断了他的念想，便悄悄地将黄连汁掺进去，吃了这种糖，他自然是号啕大哭，竟把拳头放入了口中。大人们又把黄连汁抹到拳头上，结果可想而知，弟弟哭得更厉害了。

此间种种，都是加深姐弟二人之间"隔阂"的因素。娇弱的弟弟读起书来，自然也没有伶牙俐齿又聪明的姐姐强，画画也比不上姐姐，这样，在弟弟的心中，姐姐自然成了压在自己头上的一片乌云。

压抑久了，弟弟自然也要发泄。他年纪小，没别的办法，只能趁姐姐不注意时，偷偷地在她的画作上涂上两道子，或是发发狠，一撕了之。所幸成年后，这一切都成了姐弟之间的笑谈。而张爱玲对自己的弟弟也是非常理解的，她说她"能够想象他心理上感受的压迫"。而在《小团圆》中，此事也曾被提及,"(九莉)想起小时候有一次发现她的一张水彩画上有人用铅笔打了个横杠子,力透纸背,知道是她弟弟,那心悸的一刹那"。

虽然姐弟之间存在着比较关系,但二人仍是最好的玩伴。当然,读书比较多又富于想象的张爱玲是游戏的总指挥。她喜欢将姐弟二人想象为"金家庄"上能征善战的两员骁将,一个拿剑,一个使锤,手下带领不少士卒。每到月色深沉,二人便领兵,翻过山头去攻打蛮人。

每到这时候,姐弟总是莫名地和谐,而姐姐对弟弟的爱也会丝毫不加掩饰。她常常在弟弟的脸颊上亲吻一下,像亲吻心爱的小宠物一样。

这些美好的回忆都是8岁之前的生活,如果照此发展下去的话,姐弟二人一定会在争吵、竞争以及幸福中长大。然而父亲的陈腐思想和母亲的新潮观念,改变了这个家庭的既定轨迹,也改变了姐弟二人的命运。

张爱玲8岁那年,父母终于彻底分开,金童玉女式的婚姻终以离婚收场。母亲刚离开家,父亲就将私底下交往已久的姨太太明媒正娶,请进了家门。继母是当时北京政府国务总理孙宝琦的女儿,也算出身名门。然而她身上却没有名门闺秀的气度,相反她吸鸦片,还刻薄,甚至有些变态。那时候张爱玲已经上学,所以不常住在家中,反倒是自己的弟弟那天,张子静一如往常地来看望姐姐,姑姑拉开门,对他说:"你姐姐已经走了。"然后就把门关上了。张子静转身下楼,一路哭着回家。这次,他感到所有人都抛弃他了。

父亲对张子静吝啬至极,为了省钱供自己挥霍,甚至不给他娶亲,这导致了张子静终生未能成家。父亲去世后,继母反倒更有人情味一些,还把父亲房租的十分之三留给了张子静。后来,张子静大学毕业后,谋得一份银行职员的工作。新中国成立后,他改行成为了一名教师,常年生活在上海郊区,直至孤独地死去。

## 童年·温暖而迟缓的光阴

关于作家的养成,海明威曾经提出一个必要的前提——一个不幸的童年。这个论断放在天才作家张爱玲身上,可谓再恰当不过了。

张爱玲出生在旧中国显赫一时的大家族中,祖父张佩纶,清末"清流党人"的代表,名噪一时;曾外祖父则是权倾朝野的权臣李鸿章。父亲少时苦读,一心求取功名,然而时运不济,还没等参加科举,科举制就被废除了。他只能抱着陈腐的知识在新时代中装聋作哑,过着坐吃山空的遗少生活。

然而，张爱玲的母亲则是一个有着新思想的女性，这注定了父母之间价值观的差异，也是张爱玲不幸童年的导火索。名门末代的特殊处境，父母价值观的差异，造就了张爱玲敏感又早慧，孤僻又理性的性格。

张爱玲乳名张煐，或许是受母亲崇尚西洋文化的影响，她还有一个英文名 Eileen。

张煐出生的时候，张家尽管没落了，但仍然过着富足而平静的生活，家具古朴而奢华，排场依然保持着先辈的气势。所以，出生在这样一户人家中，张煐也算"衔玉而生"了。据说，在张煐还是婴儿的时候，她就和别的孩子不一样：别的孩子整天哇哇大哭，而张煐则表现出非同常人的冷静和克制——她或许根本就懒得哭，在摇篮里静静地观察着屋里的各式物品。似乎，那时候的张煐就陷入了对人生的思考。家人都很喜欢这个安静不哭闹的孩子。

一岁时，张煐也像别的婴孩那样，被迫参与了"抓周"仪式。那天，小张煐穿着漂亮的衣服，被抱到大客厅中。在客厅中间的那张八仙桌上，正摆着一个大黑漆盘，里面放着不少东西：精巧的鼻烟壶、新潮的派克笔、泛黄的线装书等。这些物件是父母期望的寄托。为了增加"抓周"仪式的趣味性，张煐的母亲还放置了一些金锭、银洋以及好看的小绣球。随后，便让张煐来抓。

冷静的张煐,并没有很快行动,她开始静静地观望。此时,大人们都紧张极了,大气都不敢喘,眼睛更不错神,似乎生怕错过什么历史性的时刻。就在众人翘首期待之时,张煐下手了,手法稳、准、狠,一把抓起个物件,放进嘴里就啃了起来。众人仔细分辨,竟是小金锭。众人看了那副可爱的样子,不禁哄堂大笑。然而,有两个人却略微失望了,一个是父亲,另一个就是自己的生母黄逸梵。

二人原本希望自己的孩子是一位端庄典雅的淑女,或是饱读诗书的才女,然而她却如此世俗,这实在有失名门之家的体面和风范。从小拜金,长大还得了?二人失望地散了。但是,对小张煐的启蒙教育还是以传统的方式继续着。

年岁渐长的小张煐每日的生活便是跟随母亲学习唐诗,若是有不认识的字,她就囫囵吞枣地记个字音。因为聪明,记性好,一首诗念不了几遍就能背诵。因此,幼年张煐经常被人考唐诗。一次,她去拜访自己的二伯父,老人家要求张煐给自己背首诗,张爱玲便炫耀了一下刚学会的"商女不知亡国恨,隔江犹唱后庭花"。谁知,说者无心,听者有意,这位清末遗老居然怀念起故国,潸然泪下。然而一个孩子是根本不能明白遗老的心迹的,她要做的就是享受短暂的平静时光。正如她自己所说的"童年的一天一天,温暖而迟慢,正像老棉鞋里面,粉红绒里子上晒着的阳光"。

然而,世事无常。

张煐2岁那年,父亲终于脱离了二哥张志潜的管束,从上海搬到天津自立门户。那段日子,是张家最后的风光:有汽车,有司机,有好几个烧饭打杂的佣人,小张煐和弟弟还都有专属的保姆。张煐和弟弟过着富足的"小姐""少爷"生活,众人的娇宠,还养成了张煐任性、乖张的小姐脾气。她有个女佣,名叫何干,小张煐常常趁其不注意,揪何干脖子上松弛的皮肤,不高兴的时候,还常常将何干的脸上抓得满是血痕。

小时候,张煐最爱听的是《三国志演义》里的故事。看着那个给自己讲故事的男仆人,张煐突发奇想,竟然"赐给"他一个绰号:毛物,甚至还把这个绰号推广延伸,把毛物的弟弟依次叫作"二毛物""三毛物",连毛物的妻子也未能"幸免",张煐直接叫她"毛娘"——也就是"毛物新娘子"的简称。尽管,大人们都不知所谓,但小张煐一直沉浸在自以为天才般的"发明"中,自得其乐。

除了可爱的一面,张煐还有一种天生的、极强的自尊心。带弟弟的保姆叫张干,有一次,她买了柿子,因为太生,便随手放到抽屉里。这件事很快被小张煐发现了,她便常常观察张干是否还记得此事,甚至每隔两三天就会打开看一下。成年后的张爱玲回忆起这件事,她说自己有一种非常奇异的

# 母亲黄逸梵/她亦飘零久

## 遥远而神秘的爱

张爱玲的母亲黄逸梵,本名黄素琼。逸梵这个名字是她到法国后改的,因为她觉得"素琼"这两个字不够浪漫。

黄逸梵与张志沂结婚那年才刚满22岁。之前,她也是豪门小姐。祖父黄翼升是清末长江七省水师提督,人称军门黄翼升。黄翼升也是李鸿章的部下,曾追随李鸿章攻打捻军,建立了不少功勋,获得了男爵爵位。

黄翼升去世时,只有一个儿子还在世,名叫黄宗炎。黄宗炎承袭了父亲的爵位,赴广西任官。然而他婚后未有子嗣,家人只好在湖南老家给他买了一个农村女子做小妾。这位小妾就是黄逸梵的生母。

但黄逸梵还未出生,黄宗炎就已经去世,给一对双胞胎儿女留下了大量房产和金银古董。出生之前便失去父亲,幼年时又失去母亲,这对黄逸梵来说,既是幸运也是不幸。幸运的是，她出生后没有受到父亲的管制，受封建思想的荼毒相对较轻；不幸的是，过度的"自由"也似乎"助长"了她的"歪风邪气"，没有深厚的传统文化的积淀。这也促成了她日后过度注重自由，甚至有些冷漠的性格。

16岁之前，黄逸梵的性格并不明显，甚至曾遵守祖辈陈腐落后的规矩，缠了足。然而这个看似普通的封建女子，在嫁人之后却走上了完全不同的一条道路。这个美丽又高挑的女人，举手投足之间流露着贵族的气息，她的五官长得颇有西方人的特点，大气又精致。在少女的期待中，她本应嫁给一位精神契合的丈夫，一同探讨时下流行的"欧风美雨"。然而现实却给了她的少女梦重重的一击。

黄逸梵带着从娘家分来的财产与张志沂结婚后，双方也曾有过一段幸福的生活。初到张家时，黄逸梵也算是赶上了张家名门望族的浮华遗韵，但这浮华又弥漫着颓废和衰败的气息——落满灰尘的雕花木窗，早已不时兴的旧款绸缎长袍，几代流传下来的漆木家具，还有水印木刻的信笺素纸，线装版的"四书五经"……

起初家庭的和谐也给幼年的张爱玲留下了关于母亲的最初记忆，比如每日早上她会被女佣抱到母亲的铜床上，坐在青锦做成的棉被上，跟着母亲背唐诗……

然而，张志沂胸无大志，碌碌无为，甚至在一帮狐朋狗友的怂恿下，染上了诸多恶习，生活上只能靠着祖辈留下的家产浑浑噩噩地度日。他虽然也受到了"新文化运动"新思潮的影响，但他依然沉溺于旧社会祖辈的光环中，不愿醒来。

可黄逸梵就不一样了，她虽然曾遵从封建旧礼裹过小脚，但不同之处就在于，她认同"新文化运动"中宣扬的新思潮，以至于厌弃旧社会的很多陋习，诸如男女不平等及许多腐朽的颓靡习气。她甚至敢于反抗，对丈夫纳妾、抽鸦片等行径更是深恶痛绝，丝毫忍受不了丈夫的堕落思想和花天酒地的行为。

思想观念的冲突很快改变了夫妻二人的和谐状态，他们的矛盾越积越深，最后演变为不断的争吵。这些也是在花园里唱歌、荡秋千的张爱玲姐弟俩所不知道的。

面对不成器的丈夫，黄逸梵觉得很失望。然而抵抗、劝说早已无济于事。灰心丧气的黄逸梵无处诉说，唯一的办法就是回娘家。可是回娘家似乎也是一件不甚光彩的事，这种不光彩甚至是为张、黄两家所共有的。无奈之下，黄逸梵只能选择避人耳目的方式回到娘家。

这种方式刚开始还有些作用，但时间长了，对张爱玲的父亲来说，反而是一种解脱。妻子一走，他更加肆无忌惮。这终于让黄逸梵清醒了，她意识到丈夫是再也不会改变了。她能做的，只有改变自己，于是她便不再期盼，更不再抗争。

她转而关照自身，将时间和精力都投到自己的身上，学英语、弹钢琴、绘画、设计衣服，所有能找到乐趣的事情，她都感兴趣。

然而，这一切似乎都没能改变她失落的心情。终于有一天，她听说丈夫已经在外面私自娶了一个姨太太，这让黄逸梵忍无可忍。

日复一日的沉闷、束缚和失望终于击碎了她对生活、对丈夫的幻想，她开始厌恶这个家庭带来的桎梏。黄逸梵生性本就喜欢追求新鲜，向往平等自由。正如张爱玲的回忆一样："母亲爱读'鸳鸯蝴蝶派'，在抽水马桶上看老舍的《二马》看得笑出声来；母亲爱学校的空气，就特意去学油画，后来结识了徐悲鸿、蒋碧微等社会名流；母亲因为肺弱学唱歌，'依依呀呀'地唱出来像吟诗一般。"

恰在此时，黄逸梵发现自己的小姑子张茂渊居然与自己有很多共同的爱好。二人凭借对艺术相同的热爱，关系日渐亲密。

1924年，张茂渊决定出国留学。黄逸梵迅速捕捉到这个机会，为了表示对丈夫的抗议，也为了追求自己的理想，她做出一个令外人瞠目的决定：以监护人的名义，陪同张茂渊出国。张茂渊受西方文化的影响同样深刻，所以她不支持自己亲哥哥的所作所为，而支持嫂子的决定。

那一年，黄逸梵28岁，已有两个孩子。张爱玲4岁，而弟弟张子静才3岁。她以当时这样的"高龄"和两个孩子母亲的身份的情形下，仍执意出国，黄逸梵的这一决定在当时的社会环境中，不得不说是一个令人匪夷所思的选择。她也成了世人眼中的"异类"。

然而成年后的张爱玲则对母亲充满了佩服与尊敬。她曾经说过："我一直是用一种罗曼蒂克的爱来爱着我母亲的。她是个美丽敏感的女人……在孩子的眼里她是辽远而神秘的。"母亲离开的时候，张爱玲才4岁，并不理解大人之间的悲哀与伤痛，更不懂一个女人的彷徨与决绝。她只是隐约地记得那天的场景：上船的那天她伏在竹床上痛哭，绿衣绿裙上面钉有抽搐发光的小片子。佣人几次来催说已经到了时候了，她像是没听见，他们不敢开口了，把我推上前去，叫我说："婶婶，时候不早了。"（张爱玲算是过继给另一房的，所以称爸爸妈妈为叔叔婶婶。）她不理我，只是哭，她睡在那里像船舱的玻璃上反映的海，绿色的小薄片，然而有海洋的无穷尽的颠波悲恸。我站在竹床前面看着她，有点手足无措，他们又没有教给我别的话，幸而佣人把我牵走了。（《私语》）

黄逸梵的痛哭，并不能改变她不幸的命运，那么远走他乡呢？

**她的骄傲与失落**

黄逸梵终于走出了国门。

曾有这样一张照片，刻画了黄逸梵在法国海船上的情景：一袭法式长裙，侧身站在船舷边，一手扶栅栏，一手自然地插着口袋；海天空旷，晨光熹微，映衬出这个身材姣好的女子精致优雅的侧影；女子眼目低垂，仿佛是望着波澜起伏的海面在凝神思考，大有西方启蒙主义时期的浪漫，又有东方古典女子的端庄。

摆脱旧式家庭的黄逸梵似乎终于找到自己的人生之路，在梦寐以求的新世界中，她凭借自己的才情，在欧洲上流社会中如鱼得水：做过尼赫鲁总统姐姐的秘书，在欧洲的美术学校学画，在马来西亚的华侨学校教过书……

生活的充实与丰富使她暂时忘却了那个不成器的丈夫。

而黄逸梵刚一离家，那位名唤老八的姨太太便堂而皇之地进了张家的大门。这位姨太太是张志沂在长期的寻花问柳生活中寻觅到的一位"知己"——虽然年龄比他还大，但两人凭借共同的"兴趣爱好"迅速走到一起。

这位姨太太看出了张爱玲比较得父亲的宠，因此，极力上都有一团黑气。九莉不认识她们了。当时的时装时行拖一片挂一片，两人都是泥土色的软绸连衫裙，一深一浅。蕊秋这是唯一的一次也戴着眼镜。蕊秋嗤笑道：'嗳哟，这袜子这么紧，怎么还给她穿着？'九莉的英国货白色厚洋毛袜洗得次数太多，硬得像一截洋铁烟囱管。韩妈笑道：'不是说贵得很吗？''太小了不能穿了！'蕊秋又拨开她的前溜海，'嗳哟，韩大妈，怎么没有眉毛？前溜海太长了，萋住眉毛长不出来。快剪短些。'九莉非常不愿意。半长不短的前溜海傻相。"

母亲回来后，立即将父亲送到医院治疗；父亲似乎也有了痛改前非的意思，信誓旦旦地表示要重新做人。全家搬到一座新洋房，张爱玲有了新家，有狗，有花，有新衣服，还有童话书，最好的还是，她有了母亲。

家里终于恢复了往日的生机，这是属于一家四口的快乐。母亲带来了很多新派的朋友来家中谈天说地，一起表演西洋电影中的爱情故事。每当这时候，姑姑就在钢琴上弹奏着悠扬的西洋乐曲，母亲则站在她的身边高声吟唱，屋子里洋溢着快乐的气氛。

黄逸梵也非常重视对于女儿的"西式"教育，她想把张爱玲培养成一个西式的淑女。教她养成作为淑女该有的典雅风范和举止，教她绘画，弹钢琴，学英语，读新式报刊。这样，张爱玲成为了一个识字早、爱看书、爱画画的小女孩。后来，母亲和姑姑还一度认为张爱玲很有音乐天赋,又要送她去学钢琴,并带她去欣赏音乐会。这一段生活也是张爱玲的童年时期里,难得的欢乐时光。

可是好景不长,张志沂病愈后,对从前的许诺又反悔了。不仅不肯拿出生活费,甚至还逼着黄逸梵拿自己的嫁妆贴补生活。他觉得花光了黄逸梵的钱,她必定不会再出走。然而黄逸梵很快识破,于是他们的生活又陷入了无止境的争吵。此时的黄逸梵,显然已没有了太多的耐心,她很快下定决心:与张志沂离婚。

两个孩子判给了张志沂,黄逸梵和张茂渊两人另租房子住。但协议注明,孩子可以经常探望母亲,在孩子的教育上,必须尊重黄逸梵的意见。那时候的黄逸梵,早已打定主意要将张爱玲送到学校读书,接受正规的教育。

对于将孩子送入学校的决定,父亲定是不依的,因为这必然要花费很多钱。而母亲则对父亲连哄带骗,硬是将孩子送进了小学。随后,她便开始了另一次旅行,这次的目的地是法国。

## 只是爱自己更多

对于母亲的决绝，成年后的张爱玲似乎也有了新的了解：原来母亲在留学期间曾有一段无疾而终的恋情。《小团圆》中的"二婶"的故事，便是以自己的生母为原型的："楚娣见她仿佛有保留的神气，却误会了，顿了一顿，又悄悄笑道：'二婶那时候倒是为了简炜离的婚。可是他再一想，娶个离了婚的女人怕妨碍他的事业，他在外交部做事。在南京，就跟当地一个大学毕业生结婚了。后来他到我们那儿去，一见面，两人眼睁睁对看了半天，一句话都没说。'她们留学时代的朋友，九莉只有简炜没见过，原来有这么一段悲剧性的恋史。不知道那次来是什么时候？为了他离婚，一进行离婚就搬了出去，那就是在她们的公寓里。但是蕊秋回来了四年才离婚，如果是预备离了婚去嫁他，不会等那么久。总是回国不久他已经另娶，婚后到盛家来看她，此后拖延了很久之后，她还是决定离婚。"当然，父母离婚，最根本的原因还在于父亲的不成器。

遭此家变，张爱玲彻底告别了无忧的童年。好在她可以常常去母亲的家——这也成了她童年中为数不多的快事。母亲家里的欧式装饰让张爱玲大开眼界：在这里，她第一次见到铺在地面上的瓷砖、浴盆和煤气炉子——这一度成为张爱玲心中最好的一切。这种"干净利落"的风格,也影响到张爱玲的审美及生活态度。

不过这些零星的快乐时光,也没能持续很久,母亲再次动身留洋。这对母女第一次以一种另类的方式告别了。

临走前,母亲来到张爱玲就读的黄氏小学看望她,而年少的张爱玲却表现出了与年龄不符的冷静,甚至不觉得伤心:"她来看我,我没有任何惜别的表示,她也像是很高兴,事情可以这样光滑无痕迹地度过,一点麻烦也没有,可是我知道她在那里想:'下一代的人,心真狠呀!'一直等她出了校门,我在校园里隔着高大的松杉远远望着那关闭了的红铁门,还是漠然,但渐渐地觉得这种情形下眼泪的需要,于是眼泪来了,在寒风中大声抽噎着,哭给自己看。"

母亲的离开,使得父亲的家又回到了老样子:花园,洋房,狗,一堆佣人,一个吸鸦片的父亲,没有女主人。

没有母亲的生活,日子越发单调,张爱玲似乎只能以成绩和文学来安抚自己孤寂的心。1934年,张爱玲从黄氏小学升到了圣玛丽亚女校高一年级。此时的张爱玲已懂得规划自己的人生了,她理想中的生活是中学毕业后留学英国,想学画卡通片,还想把中国画的技巧传授给英国人——"我要比林语堂还出风头,我要穿最别致的衣服,周游世界,在上海有自己的房子,过一种干脆利落的生活"。她的理想明显受到了母亲的西方风气的影响。

而这理想还未来得及实施,家里就发生了一件大事——父亲又结婚了。后母的到来,对于张爱玲最大、最直接的影响便是一点点剥去她对父亲和这个家的热爱。当最后一丝眷恋被父亲的毒打剥去,张爱玲终于勇敢又不顾一切地逃离了父亲的家,奔向了再次回来的母亲的家。

1937年夏,张爱玲从圣玛利亚女校毕业,母亲也再次回国。此时的张爱玲正踌躇满志地要实施出国留洋的计划,然而父亲的冷言拒绝,击碎了她的梦。这自然影响到张爱玲对待父亲以及后母的态度。最终,张爱玲因与后母发生嫌隙而被父亲毒打并关了禁闭。在经过一段牢笼般的生活后,张爱玲终于逃出了张家,"赤裸裸的站在天底下了"。

逃离后的张爱玲,只有一个目标,那就是奔向母亲。此后两年,张爱玲都与母亲和姑姑住在一起。不管愿意还是不愿意,母亲总归是承担起了张爱玲的一切开销。

但在长久的和真真切切的日子中,张爱玲终于发现,自己与母亲似乎并不像别的母女那样毫无嫌隙。而母亲黄逸梵也惊诧地发觉:自己的天才女儿除了她的"天才"之外,生活上似乎一窍不通,以至于连苹果也不会削,补袜子更是经过艰苦的努力才能学会。另外,张爱玲不喜欢上理发店,也不愿意见陌生人。

　　黄逸梵终于从惊诧变为失望。但这失望也激起了她作为母亲的责任感,她决定从煮饭开始,传授给张爱玲一切生活的技能。

　　可是两年的学习过程,到头来,黄逸梵收获的只是失望,她甚至气急败坏地对张爱玲说:"我宁愿看你死,不愿看你活着使你自己处处受痛苦。"

　　而张爱玲对母亲的感觉,也似乎不是如从前那般"罗曼蒂克地爱着"了。

　　曾经无论是母亲的生活品质还是审美趣味,乃至母亲的朋友圈子,对于幼年的张爱玲来说,都是遥不可及的梦。如今,日渐成熟的张爱玲发现,原来母亲也是在平凡地度过日日夜夜,甚至会被突如其来的拮据所困扰。

　　每次张爱玲开口要钱,对于张爱玲和母亲来说,都是一种无声的折磨,母亲虽然给了她,但捧着钱的张爱玲,心里却十分难过。渐渐地,母亲也厌倦了这种坐吃山空的日子。

　　"这时候,母亲的家不复是柔和的了。"平淡生活中的琐碎,吞噬了母女之间的最后一丝爱与希望。

　　中学毕业时,面对张爱玲人生道路的抉择,母亲终于给张爱玲出了一道选择题——若是想早日嫁人,那么,就不必苦读,用学费来打扮自己;若要继续读书,那么,钱,就只能花在学费上,至于衣装打扮方面,自然就无法顾及。张爱玲是有理想的女性,"女学生——少奶奶"的路,自然非她所愿,她果断地选择了后者。这是自己从小的梦啊!

1939年,张爱玲不负众望,以第一名的成绩考取了伦敦大学。但因"二战"的爆发,张爱玲只得转而申请香港大学,采取"曲线救国"的方式,争取毕业后去英国深造。

在香港读书的日子,张爱玲异常勤奋,甚至还获得了教授额外给予的奖学金。然而当母亲来到香港后,却将女儿的奖学金输给了牌友。这让张爱玲对母亲非常失望。

香港沦陷,令张爱玲的英伦梦破灭,她只能回到上海。在上海的艰辛求学和谋生,使她悟出一个道理:"用别人的钱,即使是父母的遗产,也不如用自己赚的钱来得自由自在,良心上非常痛快。"

因与胡兰成恋爱而背上了"汉奸妻子"的恶名,文章不再受人欢迎,张爱玲赚钱便更加不易,生活也窘迫了不少。而母亲只顾各地游历,并未在张爱玲困难时给予她任何帮助。1957年,黄逸梵流落英伦,在时日无多之时,给女儿写信:"希望见你一面。"然而,张爱玲因为当时的经济条件不允许而没有满足母亲最后的愿望,只是匆匆寄去一张一百美元的支票。一个月后,母亲去世了。

最后,张爱玲终归还是将母亲归入了自己爱的人一类。晚年的她看淡了一切,因为她明白了"所有人都有自己选定的人生,谁也不过是谁的过客"。

# 姑姑张茂渊 / 干脆利落的人生

## 清平机智的名门闺秀

张茂渊是张爱玲的姑姑,曾有人说,张茂渊一生最重要的事业就是当好张爱玲的姑姑。而在张爱玲的笔下,姑姑则是别有一种风度的名门之后。张爱玲曾在《姑姑语录》一文中,评价姑姑,说她"有一种清平的机智见识"。张茂渊的一生,清平中又夹杂着犀利冷静的智慧。作为一个名门闺秀,她流传最多的语录,却多半是幽默风趣的自嘲。她曾经比喻自己是"文武双全"的人:"文能够写信,武能纳鞋底。"再比如,她曾经深陷病痛,久久不能康复,便又开始自嘲:"又是这样的恹恹的天气,又这样的虚弱,一个人整个地像一首词了!"或者说,"我简直一天到晚的发出冲淡之气来!"能够自嘲的人大抵内心强大,至少不会自怜自艾。

冯祖贻先生曾这样描述过张茂渊女士:"张爱玲的母亲不必说,她姑姑在上海高等华人圈中也是数得上的时髦人物。

她喜欢穿红衣裳，开跑车又骑摩托车。她早年有一笔丰厚的遗产，一度请了法国大师傅专做西餐，购买了一辆白色汽车，她会开车，但仍雇了一个白俄当司机。她与张爱玲母亲合租的赫德路爱丁顿公寓60号房，房间相当宽大，有一个大客厅，两个大房，两个大卫生间，一个大厨房，两个阳台，外加一个小卫生间及一个备菜间，客厅有壁炉。这个房子是专供旅沪外国人和高等华人居住的，房租奇昂。姑姑不满意家具店的家具，房子陈设及地毯均是自己设计的。"

与黄逸梵不同的是，张茂渊走的是职业女性的路线，一直在外企工作，大半生都处于单身状态中，她是名副其实的"单身贵族"。虽然单身了大半生，但由于张茂渊的性情很好，所以并没有因为单身太久而变得孤僻和冷漠。从张爱玲对她的描述可推断，她随和、平易近人、不乏幽默感，脾气要比张爱玲的母亲好得多。张爱玲与她有近十年的时间朝夕相伴，且两人相处得甚为融洽。张爱玲常常"押着"她读自己的作品，又喜欢向她"嘀嘀咕咕"地"唠叨"家常话，她也是张爱玲遇事可以与之商量，帮着拿主张的唯一一位"家里人"。

张茂渊是张爱玲文章中出现频率较高的一位亲属，她曾称姑姑是"轻度知识分子"，姑姑的每次出场都是亲切的，让人会心一笑的。

有一天夜里非常寒冷，姑姑急急地要往床里钻的时候，忽然说了一句"视睡如归",还顺势诌了一首小诗:"冬之夜,视睡如归。"

还有一次,张茂渊要洗头发,不知为什么,那次的头发很脏,洗过头发的水很浑浊,她便调侃了一句:"好像头发掉色似的。"

从张爱玲的记录中,便可以看出她对这个姑姑的欣赏之意。而且张爱玲对姑姑的欣赏是多方面的,以至于对姑姑的生活方式、处世态度都带着尊崇甚至是追随的心态。

诚然,张茂渊是一个有着很典型的西化思维的女性,她崇尚那种自力更生的生活方式,独居在公寓里,清清静静,没有琐碎的人事牵牵绊绊。这是一种生活上的清爽和利落。

在追求清静的思想带动下,她的交友观也极具个人特色,她曾有一个朋友,年岁较大,且爱唠叨。张茂渊每每提起她时,便有一种感慨:"生命太短了,费那么些时间和这样的人在一起是太可惜——可是,和她在一起,又使人觉得生命太长了。"这个朋友自然是不能与追求清平的张茂渊走得长久的,因此,她们渐渐地就不大来往了。

张茂渊曾经有过一块淡红的披霞,欠好。"青绿丝线穿着的一块宝石,冻疮肿到一个程度就有那样的淡紫红的半透明。襟上挂着做个装饰品罢,衬着什么底子都不好看。放在同样的颜色上,倒是不错,可是看不见,等于没有了。放在白的上，那比较出色了，可是白的也显得脏相了。还是放在黑缎子上面顶相宜——可是为那黑色衣服的本身着想，不放，又还要更好些。除非把它悬空宕着，做个扇坠什么的。然而它只有一面是光滑的，反面就不中看；上头的一个洞，位置又不对，在宝石的正中。"而偏偏她不忘记这块玩意，每隔一段时间就要拿出来看看，到处比对一番，想把它派上点用场，可结果总是不尽如人意，只好收起来。每次收起之后，她必要发表一番言论，说："看着这块披霞，使人觉得生命没有意义。"这是她对人生的认识，说起来是挺好的东西，却找不到合适自己的位置，可叹的是因为还没有足够好。

张爱玲非常崇拜姑姑，以至于一切刊登了自己文章的书报杂志，都要强迫姑姑读一遍，而姑姑往往张嘴就来一句"看不进去"。但张茂渊又实在架不住张爱玲的热情，况且张茂渊对张爱玲是十分疼爱的，所以每次张茂渊都应张爱玲的要求，做自己侄女的忠实读者。一次，张茂渊读到一篇张爱玲和苏青谈论职业妇女的对话。身为职业女性的张茂渊也对此发表了评论，而这段评论即使放在当下，也是鲜活如许的：首先让她诧异的便是很多人都把职业女性当作另一类人。如同现在的"男人，女人，女博士"的分类一样。在张茂渊的眼里，大多数所谓的"职业女性"其实与家庭妇女没什么不同，因为大多数的女性职业"不过是在写字间里做人罢了。在家里有本领的，如同王熙凤,出来了一定是个了不起的经理人才"。

"将来她也许要写本书关于女人就职的秘诀,譬如说开始的时候应当怎样地'有冲头',对自己怎样地'隐恶扬善'……然而,谈到写作,她又说:"不用劝我写了,我做文人是不行的。在公事房里专管打电报,养成了一种电报作风,只会一味的省字,拿起稿费来太不上算了!"

张茂渊这样一个聪慧的女性,在谈吐上自然反应迅速又极富幽默感。张爱玲曾经把"爱德华七世路"错当成"爱德华八世路",姑姑听到以后,只是淡淡地说了一句:"爱德华八世还没来得及成马路呢。"

当然,与众不同的张茂渊也会有普通女子的烦恼,她时常出现的两大问题也是与减肥和拖延有关。有一阵子,张茂渊诸事不顺心,但她反而胖了起来。她曾写信给一个朋友说:"近来就是闷吃闷睡闷长。……好容易决定做条裤子,前天裁了一只腿,昨天又裁了一只腿,今天早上缝了一条缝,现在想去缝第二条缝。这条裤子总有成功的一日罢?"

出身名门,本应该具有大家闺秀特有的端庄正经的姿态,以及不可避免的懒惰与矫情。然而她却不走寻常路,抛却虚伪的矫揉造作,从不需要伪善的面纱,清平机智,特立独行,且时常冒出一些讨喜的俏皮话。这也许是最让凛冽孤傲的张爱玲欣赏的吧!

## 她是那一阕孤清的词

张茂渊比哥哥张志沂小5岁,生于1901年。那时候正是父亲张佩纶失势之时——本来被委以重任,然而书生误国,兵败如山倒,落得个临阵脱逃的罪名,被发配充军,政治生涯陷入谷底。不承想,这个事业失意的家伙,竟然被李鸿章相中了——张佩纶以不惑之年娶得22岁的李家千金李菊耦。可惜好景不长,二人共同生活了15年,张佩纶就撒手人寰,留下一对孤儿寡母。

李菊耦毕竟是大户人家出身,颇有见识,她知道自己虽有丰厚的嫁妆,但要想延续家里的富裕,只能教两个孩子读书。因此,虽然张茂渊是个女孩,却得到了和哥哥一样严厉正规的启蒙教育。

那时候,张茂渊和哥哥随同母亲住在南京安园内,如今这里还保存着李菊耦住过的"小姐楼"。而这间屋子,也是张茂渊最喜欢、最留恋的地方。李菊耦去世后,张茂渊跟着哥哥一同读书。那时候,她读得最多的便是当时最流行的林译小说。

在新文化思潮的影响下,张茂渊在23岁时,便毅然决定离开中国，到英国接受新式教育，而路费和学费便是母亲陪嫁的金银首饰。

张茂渊 27 岁时，回到上海，开始了职场生涯。她曾在英商怡和洋行做职员。不久，上海失陷，张茂渊第一次失业了。然而，凭借自己的高学历和工作经验，她迅速找到一份新工作——在德国电台做广播员，这份工作简直是钱多事少的典范：每天只工作半小时，月薪却好几万。然而这位有个性的女子却感慨道："我每天说半个钟头没意思的话，可以拿好几万的薪水；我一天到晚说着有意思的话，却拿不到一个钱。"若是她选择安安稳稳，相信她的生活会平静且顺遂。

很显然，这不是张茂渊的性格。张茂渊先是打了两场官司，一次是因财产分配不公，与自己同父异母的哥哥张志潜打；另一次是为了救助李鸿章的孙子李国杰出狱。为了救李国杰出狱，她四处借钱，然而遭遇的都是亲戚们的冷脸。于是，她变卖资财，加入了炒股的队伍。听说法币保值，又购进了大量法币。当然，熟悉民国经济的人都知道，这些法币很快变成了废纸。结果张茂渊赔得一干二净。

折腾到破产的张茂渊，并未就此收手，她继续折腾，连钱多事少的工作也觉得没劲，索性直接辞职。随后，跳槽到上海有名的大光明戏院。

在这期间，张茂渊的生活中又发生了一件大事：与相依为命的哥哥张志沂闹翻了。而导致兄妹闹翻的人便是那个曾经给予兄妹俩庇护的同父异母的二哥张志潜。

李菊耦去世时，兄妹二人还未成年，而二哥张志潜已经34岁。他主动担负起兄妹二人的生活，并趁机侵吞了不少李菊耦的财产。到张志沂成家时，兄妹二人分到的财产只是母亲遗产的一小部分。其中有一套宋版书，是父亲张佩纶用李菊耦的嫁妆购买的，非常珍贵。但在后来的战乱中，该书辗转流落到书法家于右任的手里，张志潜得知后，便写信要了回来。

张茂渊此时正为救李国杰而筹钱，听说此事，便要同哥哥结成同盟，与张志潜打官司。没想到不成器的哥哥却被张志潜收买，二人的攻守同盟被拆散了，张茂渊的官司也输了。从此，她对哥哥的亲情不复存在，也再没找过哥哥要一分钱。她公然宣称不喜欢"张家的人"。

但她对张爱玲却不错。听说张爱玲挨了父亲的打，她还曾上门求情，为此，还挨了哥哥的打。只是因为怕丢张家的面子，才未报到巡捕房中。

后来，亲哥哥去世，家人给张茂渊打电话，张茂渊的反应冷淡至极，唯一的回应便是一声"哼"，连吊丧都没去。她做不出那种"明里一把火，暗里一把刀"的事，她甚至渴望自己被那个她讨厌的家族边缘化。她是一个有"精神洁癖"

的人，因为讨厌那个家族，所以她能够狠心，与虚伪的情义一刀两断。

张茂渊对于亲情的淡漠，对世事的通透，也影响了张爱玲的人生观。张爱玲一度非常崇拜姑姑的人生态度。张爱玲为考取上海的圣约翰大学做准备时，住在姑姑家。奇葩的是，二人在日常生活花销上居然实行AA制，甚至在张爱玲困窘时，张茂渊也未曾支援过她。

关于二人的相处细节，张爱玲曾经回忆过这样的一件趣事："上次急于到阳台上收衣裳，推玻璃门推不开，把膝盖在门上一抵，豁朗一声，一块玻璃粉碎了，膝盖上只擦破一点皮，可是流下血来，直溅到脚面上，擦上红药水，红药水循着血痕一路流下去，仿佛吃了大刀王五的一刀似的。给我姑姑看，她弯下腰去，匆匆一瞥，知道不致命，就关切地问起玻璃，我又去配了一块。"

和张茂渊这样的人打交道，你要预备着承受真实之伤，张爱玲自始至终跟人打交道都很有距离感，很紧张，某种程度上是拜张茂渊所赐。不过，虽然张茂渊"温度"不高，但好在没有华丽的外包装，而且能探到底，这样便显得格外真实。

相对于生活，在写作上，张爱玲从她那里学到的更多。如果说，她读香港大学时，官样文字被历史教授佛朗士先生耍着花腔一读，就露出了滑稽的底色，但与张茂渊同住时，果然被自己的精致所拖累。

据说当时李开弟早已订婚了,再加之张茂渊高不可攀的身世背景,所以他只能选择离开。斩断情丝的李开弟,迅速与另外一位女留学生结婚了。然而,令人费解的是,作为一名受过新思潮影响的新时代女性,张茂渊居然做出了一个在别人看来非常难以理解的决定——等。

心上人与别人结婚,张茂渊本应在深闺中痛哭,然而若是这样,岂能对得起她洒脱的性格。她梳妆打扮一番后,身着一袭白旗袍,大大方方地参加了李开弟的婚礼。在婚礼上,张茂渊终于憋不住了眼泪,哭得梨花带雨,她捉住李开弟的手,只说了一句话:"今生若等不到你,我就等到来世。"

大家都以为她只是一时激动,说说而已,但是她真的做到了,且一等就是半个世纪。

此后,张茂渊与李氏夫妇一直保持着友好的关系。

"文化大革命"期间,李开弟被打成反革命,整日被批斗,张茂渊依然不放弃他,时常带些食物去探望他。那期间,李开弟的妻子也受了不少苦,身体被摧垮,在她最后的岁月中,她多次请求前来照料她的张茂渊,在她死后,一定要与李开弟结为夫妇。

在1979年,孤身一人的李开弟被平反后,终于把78岁的张茂渊娶进了门。而这一次,他再不负她的等待。

## 守望半生余情缘未尽

在最美好的年华遇到最值得爱的人，是人生的幸事之一。为了这份幸运，张茂渊付出了半个世纪的等待。

半生的等待，暮年才得以相守。她的付出比李开弟多得多，不能说他是错的，也不能去怀疑她值得不值得，因为爱情这件事，从来都不能用常理来对待。

我们大部分人都缺乏这种勇气。普通人的选择常常是爱而不得，也可以退而求其次，世界那么大，来来往往，除了他，总还有适合自己的。张茂渊不屑如此，弱水三千，她只取一瓢饮。

她正视自己的人生，活得自我而真实，世人的议论与眼光她从来不理睬。她这一生，算不得圆满，但无愧于心。

张爱玲曾经写过一篇散文《姑姑语录》，里面说张茂渊曾经有过很多珠宝，生活困难时，其他的珠宝都被典当了，唯有一块披霞，被她视为珍宝，一直留在身边。张爱玲很诧异，因为以张茂渊的洒脱性格，不太可能被这样一件华而不实的披霞羁绊。直到暮年的张爱玲，在美国接到曾经在香港读大学时的监护人李开弟的征求意见信，希望张茂渊能嫁给他时，甚至咳血，此时癌细胞已扩散至肺部。就连医生都提醒李开弟，他的妻子已是时日无多。然而，李开弟并不放弃，他比从前更精心地照料她，时常讲笑话给她听，对外宣称她只是得了肺气肿。后来，他还从一位医生那里得到一服蛇毒药，说是治疗此症的良药。此后，李开弟便随身携带此药。

1991年6月9日，张茂渊迎来了九十大寿。为了纪念夫妻共同走过的12年，李开弟决定给妻子举办一次生日晚会。当晚二人心情非常好，仿佛回到了初遇的时候。然而，张茂渊突然发病，李开弟急忙喂她吃药，但为时已晚。生日过后的第四天，张茂渊终究是先走了一步。

张茂渊与李开弟共同度过了12个春秋。1991年，身患乳腺癌的张茂渊撒手人寰。李开弟告诉远在美国的张爱玲，信上的第一句话就叮嘱张爱玲，要镇定，不要激动，然后才说，"你与我所至爱的亲人已于6月13日晨7:45与世长辞"，此时，李开弟也已90岁高龄。

等待半世、守望半生，奇女子的付出终究换来了生命最后的绚烂。

这里交代一下李开弟的女儿李斌的情况。李斌一直在广州，自幼拉小提琴，丈夫张伟是大提琴家，之后夫妻俩移居澳大利亚。

张爱玲晚年已经很少与外界联系，但好友宋淇之子宋以朗在整理张爱玲遗物时发现了一封她给李斌的书信（当年不知为何信件没有寄出）。这是一张精致小巧、印着百合花的对折贺卡，张爱玲用黑色笔从右到左写着几排字，字迹圆拙。上面写着：

"斌，

路远迢迢寄这么个小钱包给个大音乐家，太可笑。请原谅我心目中永远拿你当个十一二岁的小女孩，给 Uncle K.D. 买个小皮夹就顺便买个给你。祝近好

爱玲"

多年后，宋以朗通过报社联系到了李斌。已是 75 岁高龄的李斌老人听闻此事之后，非常感动，她没想到对人事一向疏冷的张爱玲还记得她，甚至还留了一份跨越了时间的宝贵礼物给她。张爱玲写信时，李斌已经是五六十岁的老人，但在张爱玲的心里，她永远是个十一二岁的小女孩，而且还记挂着她给她买礼物，李斌怎能不感动？

张爱玲对母亲的遗嘱可以不理不睬，但却记着给她姑姑的继女买一个精致的小礼物，甚至还精心地挑选贺卡，亲笔抒写。因为母亲从未实实在在地顾及过她，反倒是姑姑与她相伴多年，并给予她诸多关怀。所以，在人情世界里，没有"天生冷漠"这一说，如果一个人冷漠疏离，那恐怕是他真的想

# 与炎樱/一个像初夏,一个如深秋

## 快乐的吃梦小兽

张爱玲一直以旁观者的凛然姿态行于世间,落到笔下,字里行间全是悲凉,冷静得教人害怕。世人都说她孤高冷傲,却不知她与千千万万的普通人一样渴望爱和被爱,在高傲冰冷的外表下,心底始终有一片柔软。除却饱受流言争议的爱情,张爱玲这样不同于世的女子,怎能没有一株抽出枝芽、兀自生长的闲葩装点,何况炎樱又是如此颖趣纯真的姑娘。

虽然她们像两条相交线,曾经出现在彼此的生命里,留下浓墨重彩的一笔后成为永远的过客,但不可否认的是,无论此后种种如何唏嘘、如何无奈,她们的青春因为有了彼此而变得更加精彩完整。

关于"炎樱"这个名字,《双声》里有段饶有趣味的注:"我替她取名'炎樱',她不甚喜欢,恢复了原来的名姓'莫黛'——'莫'是姓的译音,'黛'是因为皮肤黑——然后她自己从阿部教授那里，发现日本古传说里有一种吃梦的兽叫作'獏'，就改'莫'为'獏'，'獏'可以代表她的为人，而且云鬟高耸，本来也像个有角的小兽。'獏黛'读起来不大好听，有点像'麻袋'，有一次在电话上又被人听错了当作'毛头'，所以又改为'獏梦'。这一次又有点像'獏母'。可是我不预备告诉她了。"

獏梦，实为梦獏，意为"吃梦的小兽"，单看"吃梦的小兽"这几个字，都教人读出满满的爱，想想当时的张爱玲看炎樱，一定都是些美好的词汇。难怪有许多人把她们的友情解读成同性恋了，只是如果事实真的是这样，张爱玲的传奇故事，似乎就要改写了。

炎樱姓摩希甸，名法提玛，父亲是阿拉伯裔锡兰（今斯里兰卡）人，在上海做的就是珠宝生意，珠宝店就唤作摩希甸。母亲是天津人，为了爱情跟家里决裂，多年不与家人来往。炎樱的父亲信的是伊斯兰教，后来张爱玲谈起炎樱的宗教信仰："'宗教'有时是扇方便之门。如炎樱——她固信教，不说谎，可是总有别的办法兜圈子做她要做的事。我觉得这种'上帝'未免太笨，还不容易骗？"

值得一提的是，张爱玲《色戒》中写到的那个珠宝店就是炎樱家。显而易见，炎樱是个标准的"富二代"，但难能可贵的是，她的身上没有"富二代"的习气和架子，活泼开朗又讨人喜欢，从一些小事上就可以看出来。

炎樱是精明惯了的，细致到分毫之厘。炎樱买东西，软磨硬泡也好，调皮耍赖也罢，千方百计一定要把零头抹掉。好比有一回在犹太人的商店里，把钱包都翻了个底朝天，说："你看，没有了，真的，全在这儿了。还多下二十块钱，我们还要吃茶去呢。专为吃茶来的，原没有想到要买东西，后来看见你们这儿的货色实在好……"底气十足，难以置信的理直气壮，一般的姑娘，脸皮薄得连讨价还价都觉得害臊。

张爱玲这样写道："店老板为炎樱的孩子气所感动——也许他有过这样的一个棕黄皮肤的初恋，或是早夭的妹妹。他凄惨地微笑，让步了。'就这样吧。不然是不行的，但是为了吃茶的缘故……'他告诉她附近那一家茶室的蛋糕最好。""凄惨地微笑"实在是神来之笔，你甚至能马上脑补出店老板的神情。世界上就是有这样一种人，总是令人无法拒绝，炎樱大概就是这一种。

乍看之下，炎樱和张爱玲之间千差万别，一个像夏天，一个像秋天，似乎八竿子都打不着的两个人却建立了深厚的友谊。有这样一个观点：朋友一定要门当户对，交朋友的第一原则是交换，第二原则是对等。炎樱和张爱玲从家世、教育、学识，甚至是颜值上都是对等的，不是一方对另一方的单向输出，在交往的过程里，交换了感情、观点和利益。从某种意义上来说，炎樱和张爱玲在对方的身上都找到了自己的影子，又将自己的渴望投射在对方身上。

因而炎樱是张爱玲一生中最重要的好友和知己，两人几乎形影不离。

两人是香港大学的同窗，既是同行前往香港，这就有了不甚愉快的第一次见面。炎樱的"好玩"里多了些"恐怖和嫌弃"的意味，倒是张爱玲一见炎樱就觉得喜欢，"个子娇小，婴儿脸，肤色金黄，大大的眼睛"。还捧着一束红色康乃馨，一一握手寒暄，介绍大家认识，连妈妈那么挑剔的人都说："倒像个能干的女孩子。"

后来香港沦陷，炎樱和张爱玲两人辗转之中又一同进了上海圣约翰大学，张爱玲曾在文章中描述道："炎樱进上海的英国学校，任 prefect，校方指派的学生长，品学兼优外还要人缘好，能服众。我们回到上海进圣约翰大学，她读到毕业，我半工半读体力不支，入不敷出又相差过远，随即辍学，卖文为生。"

炎樱成绩优秀，是智商高；人见人爱，就是情商高了。这种双商都高且漂亮的姑娘，让张爱玲这样自我封闭的人，都放下了一道心防。

炎樱又是如此聪慧幽默，她从不自卑，心胸豁达，调皮起来简直让人猝不及防。有一次，她在报摊上翻阅画报，一下打量,那我还能够同情她们,因为我自己也最爱看人,但是我做小孩子的时候我不那么莫名其妙地凑热闹,我有较好的事可做……被一个名作家所欣赏,被用作题材,是很大的荣幸,我非常感谢的,可是我无论说了什么都被歪曲了,那又是一件事。难道我真的说了'个子高的人应当头发短'?当真我以为如此,爱玲的头发早就会剪短了,也不会留到现在!而且,要是你,你是否喜欢被形容作'圆脸,微黑,中等身材,会说话'?听上去有点像一个下级动物(譬如说一只猫)对于一个人虚拟的描写,或是一个植物学的学生在那里形容一只洋山芋,(一)它是固体,圆形;(二)外皮是棕色;(三)上面有细孔。结果一只洋山芋还是趣味毫无。我是完全同情洋山芋的,能够了解它的委屈。但是,兰你,我比可怜的洋山芋到底高一着,原来我'会说话'!它还会说话——多了不得呀!"

虽然炎樱的经历比张爱玲少,但是她也在成长着,渐渐地会变得不简单,性格中慢慢地有了张爱玲不喜欢的部分。这点也可以从张爱玲对炎樱的描写变化中看出。

到最后写《小团圆》的时候,张爱玲与炎樱已经疏于联系了。而《小团圆》里对于炎樱的化身——"比比"的描写,也不再如从前灵动,反而带上了一丝无情与现实。在这本书里,张爱玲的化身盛九莉在战争中逃过一劫后曾如此说道:

"告诉谁？难道还是韩妈？楚娣向来淡淡的，也不会当桩事。蕊秋她根本没有想起。比比反正永远是快乐的，她死了也是一样。"这里的比比对盛九莉（张爱玲）依旧没心没肺，但却已经到了无情的程度。

其实，对于大部分人来说，炎樱更像是活在张爱玲笔下的人物。除了张爱玲，别人对于炎樱的描写与评价少得可怜，如果没有张爱玲，炎樱的存在就会变得模糊。对于这只小兽所有的认识，都只能依靠张爱玲带有强烈主观色彩的描写，再难有客观的评价。因着身为作家的好友，而被众多陌生人熟知，可熟知的却又不一定是真实的自己，这对于当时的炎樱来说，也算是一种不小的痛苦。

可是不管是主观还是客观，那个说"月亮叫喊着，叫出生命的喜悦；一颗小星是它的羞涩的回声"的浪漫的炎樱，那个会跟精打细算的犹太商人撒娇砍价的俏皮炎樱……通过张爱玲一撇一捺的刻画一直鲜活地存在着。

**渐行渐远渐无书**

在张爱玲的笔下，炎樱就像一道耀眼的流星划过张爱玲的人生。两个人在生命的某个路口相遇，又恰好有了一段同实实在在地抛下了她,也抛下了这段友情。

后来赖雅将张爱玲带离纽约,张爱玲终于可以和越发陌生的旧友炎樱分道扬镳,这对她来说何尝不是一种解脱。后来张爱玲得知炎樱结婚的消息时,已经连一封书信也懒于下笔了。倒是炎樱,始终保持着给张爱玲写信的习惯,直到张爱玲去世前她都在给张爱玲写信,即使张爱玲不怎么回信。但是信中多是自我夸耀,令张爱玲十分反感。有人说,这种夸耀并不全是为了在这段关系里占得上风,而是天性使然。如果真是如此,那就更加招人厌了,这种不自知的浅薄和粗鄙,自以为是的纯良,再托以天真的说辞,更加有刺痛人心的效果。1992年,她给张爱玲写信:"你有没有想过我是一个美丽的女生?我从来也不认为自己美丽,但George(炎樱的丈夫)说我这话是不诚实的——但这是真的,我年幼的时候没有人说我美丽,从来也没有——只有George说过,我想那是因为他爱我⋯⋯"如果说这种话语里并无半点炫耀的意味,恐怕连炎樱自己都是不相信的。这把撒在张爱玲伤口上的盐,真是又准又狠。要知道当时的张爱玲已经孀居多年,早已是美人迟暮,再看到这样的炫耀,都不知道是该觉得可笑还是可叹。

在两人没有嫌隙的时光里,因为对彼此真诚的爱,所以对方的那些缺点,轻易就能原谅和包容。但当距离和经历将感情变得平淡,缺点和芥蒂也随之被放大,直到无法相容。

这样的温暖，汪宏声给过她，佛朗士也给过她。

佛朗士是香港大学历史系的中文教授，是个中国通，喜欢中国，也喜欢中国文化。

在张爱玲笔下，佛朗士是一个有着"孩子似的肉红脸，磁蓝眼睛，伸出来的圆下巴，头发已经稀了"的人，不拘小节，崇尚自由，不喜欢住在学校，总是骑着自行车去校外。他的打扮很古怪，不像教授，更像个西部牛仔，脖子上总是"系着一块暗败的蓝宁宁绸作为领带"。

1940年，张爱玲只身赴港求学的时候，已经和父亲闹掰，和母亲的关系也变得冷淡，在那段时光里，是佛朗士给了她切切实实的帮助。

香港和大陆毕竟是不同的，文化背景不同，社会习惯也不同，所以张爱玲的才华并不被欣赏。年少多才的张爱玲在这里，一度找不到自己的定位。她想申请奖学金，缓解母亲的压力，也让母亲明白，自己是优秀的，不是累赘，但事与愿违，她并没有得到奖学金。

就在张爱玲内心彷徨，甚至对自己产生怀疑的时候，温淳的佛朗士出现了。

他寄给张爱玲一个邮包，邮包中有一叠面额不等的钞票，一共八百块。

除了这些钱，邮包中还有一封信，是佛朗士写的。他说：

"我听说你没有得到奖学金,这是我给你的小奖学金,若是明年你还能保持这样优异的成绩,我相信,你一定能得到学校的奖学金。"

信很短,但张爱玲看了却分外感动。

在陌生的地方,并且所有人都不认可她的时候,佛朗士老师认可了她,并且鼓励她,这对她而言,是何等可贵。

1942年,日本入侵香港,佛朗士应征入伍,后来被同一个阵营的战友误杀。

听到佛朗士的死讯,张爱玲哭了,不是大哭,只是抽噎,她"抽噎起来,但是就像这自来水龙头,震撼抽搐半天才迸出几点痛泪"。

他死了,她心中那片温暖的净土便好似被人生生挖掉了一般,她痛,却流不出眼泪,因为已经痛到灵魂深处,好在那个时候,她还有炎樱。

她,是打心底里,在眷恋着炎樱,喜欢着炎樱的。

炎樱和妹妹在上海开服装店,一向清高的张爱玲破例在报纸上帮着她打广告。

在美国,张爱玲和赖雅迁居纽约的那段日子,她们一起逛街,一起喝咖啡,一起神采飞扬地谈论文学,一起去拜访旅居美国的胡适夫妇,一如大学时代。

虽然她们后来渐行渐远,但不管最后结果如何,曾经相遇,并且有一段同行的时光,便是一种缘分,一种幸福。

## 苏青·乱世桃花逐水流

在20世纪三四十年代风雨飘摇的大上海,还存在着另一位传奇女子——苏青。她几乎和张爱玲同时成名,是张爱玲承认的可以和她齐名的好朋友。与张爱玲相同,她也以文字为生,骨子里都有一种对真爱的信仰,性格都是我行我素……

然而,与张爱玲的孤傲、冷峻不同,苏青更世俗,更有人间烟火气,更喜欢热闹。因此,她的文字更显平实,充斥的是柴米油盐精打细算的美。这与她不寻常的经历有关。

苏青出生于宁波一个书香门第、家道中落的地主家庭,是个落魄的富家女。不过,瘦死的骆驼比马大,金钱上的充裕让苏青的童年过得很幸福。19岁时,她凭借优异的成绩考入民国第一学府——国立中央大学,就读于外文系。在学校期间,因其才情一等,再加上长相出众,被同学们称为"宁波皇后",前景一片大好。

可是,这一切让与她有媒妁之约的李钦后看在眼里,着实担心坏了。为了避免未婚妻爱上别人,李钦后不等她毕业,就着急忙慌地向苏青家提出要结婚。正沉浸在美好的大学生活里的苏青当然不愿，可拗不过母亲苦口婆心的劝说，书读得再多不如嫁个有钱人，于是她动摇了，放弃了学业，和李钦后结了婚，嫁入了"豪门"。

本想嫁入"豪门"后就乖乖地做个少奶奶，可惜，一入"豪门"深似海，苏青并没有体会到作为一名少奶奶的养尊处优。不懂珍惜她的丈夫到处拈花惹草，而自己也因一连生了四个女儿被婆家嫌弃。尽管后来生有一儿，但是婚姻生活并没有得到改善。二女儿的不幸夭折，丈夫的出轨和家暴，彻底激发了她骨子里的"独立"，她忍着内心的苦痛，毅然决然地选择了离婚，自己带着女儿开始靠写稿生活。在这段惨痛的经历里，她的灵魂不可避免地沾染上了世俗的味道。所以，她会斤斤计较，会尖酸，会妒忌，并将这种性情融入了文字里。

苏青拥有新青年的狂妄和韧劲，获得自由后她开始谋划自己的职业，并在文坛上崭露头角，也因此结识了很多文坛上的人物，这其中就包括胡兰成。对于这个言论有自己独到见解的人，苏青是心存几分好感的，所以才会在他因为与汪伪政府观点不同而锒铛入狱时，为他四处奔波求情。1943年，即离婚后一年多，她成功创办了《天地》杂志社，而这也成为了她与张爱玲日渐亲近的契机。

在一开始，苏青和张爱玲只是简单的编辑和写手的关系，两人因互羡才情而惺惺相惜，然而也只限于书信往来。

她们第一次见面是在1943年12月。那天中午阳光明媚，苏青正准备去大汉奸周佛海家替锒铛入狱的胡兰成求情，却在自己杂志社的门前见到了一个瘦弱的女孩。她着一袭清式旧袍子，手里抱着一沓稿纸，有点青涩稚嫩，她就是苏青当时非常欣赏的张爱玲。

女人之间熟络起来很快，再加上苏青性格直率豪爽，即使张爱玲再冷峻孤傲，也难抵挡苏青的热情。两人相谈甚欢之后，苏青甚至带上张爱玲一起去到周佛海家，一路上苏青聊起胡兰成对张爱玲的赏识，这时的苏青肯定没有想到他俩后来会产生错综如丝的情感纠缠。

据胡兰成所说，他第一次知道张爱玲是在1943年10月10日。有人推测张爱玲与胡兰成的相识，其实是比胡兰成所说的更早。因为张爱玲写于1943年10月的小说《金锁记》里的曹七巧据说就是以胡兰成的义母为原型。而苏青与张爱玲一起拜访周佛海，之后更是在周佛海公寓几进几出，为营救胡兰成四处奔走。否则，张爱玲凭什么仅仅因为胡兰成是自己作品的忠实读者，就不顾身份，四处奔走？

1944年年初，胡兰成终于被释放了，急切地要从南京来上海。拯救他免于牢狱之灾的苏青自然喜不自禁，以为君乘东风来，正是为自己。

可是，当得知他千里迢迢而来竟然是为了见张爱玲，苏青的满心欢喜被失落取代。不过苏青虽然失落，但最后还是将张爱玲的地址给了胡兰成，自己倒成了他们的红娘，沦为了故事中多余的角色。

短短几个月里，胡兰成就和张爱玲十分熟络了。苏青心里是嫉妒的，但也害怕内心的这点小秘密被窥探到，所以她并没有提醒张爱玲，像胡兰成这样的已婚男人要少接触为妙。

他们的爱情发展得很快，1944年8月，胡兰成便与张爱玲秘密结婚，有趣的是，纸媒证人是张爱玲的另一闺密炎樱，而不是红娘苏青。

虽然同为张爱玲的闺密，但在张爱玲心里，苏青和炎樱到底是不同的。炎樱活泼单纯，是那种清浅到可以一览无余的人，而苏青是离过婚的女人，张爱玲深知离过婚的女人是孤寂的，这种寂寞苏青曾毫不掩饰地在她的成名作《结婚十年》里呈现："我需要一个青年的、漂亮的、多情的男人，夜里偎着我并头睡在床上，不必多谈，彼此都能心心相印，灵魂与灵魂，肉体与肉体，永远融合，拥抱在一起。"

因此，张爱玲对苏青是怀有几分忌惮的。更何况在跟胡兰成结婚之前，在某天晚上张爱玲还恰巧撞见过胡兰成在苏青处逗留。这就像一根刺，卡在张爱玲的喉咙里，要完全下咽或吐出都不容易。再好的闺密情，也会因这种忌惮而生出隔阂来。

在爱情面前，再好的闺密都是要设防的，尤其是在自己的爱人和闺密均非常优秀的情况下。对于这一点，张爱玲还是有点慧根的。所以，后来她有意无意地疏远了苏青。

可惜，张爱玲防得了闺密却防不了自己的爱人，一个处处留情的爱人。

在她和胡兰成秘密结婚的同月，胡兰成还在苏青的另一本杂志《小天地》发表了《谈谈苏青》，大赞苏青："鼻子是鼻子，嘴是嘴；无可批评的鹅蛋脸，俊眼修眉，有一种男孩的俊俏。"又说，"在没有罩子的台灯的生冷的光里，侧面暗着一半，她的美得到一种新的圆熟与完成，是那样的幽沉的热闹，有如守岁烛旁天竹子的红珠"。

如此细腻深情的溢美之词，有几个单身女子能抗拒？况且还是专为自己所作。再加上苏青也曾在她的《谈女人》里，言及离了婚的女人对有夫之妇构成的威胁，"……横竖没有男人，便不怕别人侵夺我，而只有我去侵夺别人的了"。虽然是泛泛而言，却让张爱玲听者有心了。

种种可疑的迹象让张爱玲心中不无妒火，对苏青的隔阂更深了一层。不过，张爱玲是清高自信的，所以她并不会像普通的妇人一样直接找苏青对质，再者，她又深知苏青是个宅心忠厚的人，想必对自己不至刻意伤害。

所以，她选择了用文字来表达。因此，在同时期，张爱但她对他不仅不陌生，反而有一种特别的亲切感。说起来有意思，张爱玲一家可都是胡适书籍的忠实读者。

张爱玲的父亲张志沂、姑姑张茂渊都喜欢看胡适的书。所以，家里很早就买过胡适的《胡适文存》和《海上花》，后来张茂渊与张志沂闹僵，互不往来，张志沂还惦记着要回被张茂渊借走的两本书，其中一本便是《胡适文存》。此外，张茂渊和张爱玲的母亲黄逸梵早年还曾与胡适在一个桌子上打过牌，虽然后来没什么来往，但胡适是个公众人物，所以，张爱玲常常能听到姑姑和母亲看着报纸上胡适的新闻谈论着胡适，且多为溢美之词。

如此耳濡目染，张爱玲想对他不熟悉都难，对胡适的敬畏之情也早早地埋在了心底。

后来张爱玲买了胡适推荐的书——《醒世姻缘》，看了很多遍都不够。她在香港战役中当防空员时，发现驻扎的冯平山图书馆中有一部《醒世姻缘》，"马上得其所哉，一连几天看得抬不起头来。房顶上装着高射炮，成为轰炸目标，一颗颗炸弹轰然落下来，越落越近。我只想着：至少等我看完了吧。"可见其非常痴迷。

作为小辈且是文坛上的新人，张爱玲自然是不敢随便跟他联系的。直到1954年，在文坛上小有名气的张爱玲在香港写出一部自我感觉良好的小说《秧歌》后，她才胆战心惊地给远在美国的胡适写了一封信,并把小说稿件也一起附上。

这封信张爱玲写得极为小心翼翼,用词均字字斟酌,"原谅我这样冒昧的写信来。很久以前我读到你写的《醒世姻缘》与《海上花》的考证,印象非常深,后来找了这两部小说来看,这些年来,前后不知看了多少遍,自己以为得到不少益处。我希望您肯看一遍《秧歌》。假使您认为稍稍有一点接近'平淡而近自然'的境界,那我就太高兴了……"

这么谦虚又会说话的姑娘,怎能不讨喜,想必胡适读起来心里也是极受用的。因此,胡适并没有因为对方是无名小卒(对于当时的他来说)就敷衍了事,他不仅仔细阅读了《秧歌》,还对这部小说做了详细的批阅,并看出了这部小说的精妙之处。他给张爱玲回信道:"你这本秧歌,我仔细看了两遍,我很高兴能看见这本很有文学价值的作品。你自己说的'有一点接近平淡而近自然的境界',我认为你在这个方面已做到了很成功的地步!"

接到胡适的回信,张爱玲喜出望外,为此她还把这封信让朋友代抄了一份,尽管原稿因后来几经搬家而遗失,但她还有"备份",可见,张爱玲对胡适给她的信是多么珍视。

有了这次的书信交流,张爱玲变得勇敢起来,开始跟胡适进行更多的书信往来。而胡适因对其才华甚为赏识,也非常乐意和她一起谈论文学,自此他们成为了志同道合的朋友。

1955年11月,张爱玲从香港前往美国,终于有机会去拜访胡适了。由于害怕自己不擅与人交谈而尴尬,她特地约上好友炎樱一同前往胡适家,这是张爱玲跟胡适的第一次见面。在张爱玲眼里,胡适慈祥得像一位父亲,平易近人,而在胡适眼里,这位高高瘦瘦的姑娘言语不多,却充满才气,不够明丽的眼神里满是忧伤,便忍不住对她心生怜爱之情。

几天后,胡适回访了张爱玲,闲聊中,竟然发现张爱玲是张幼樵的孙女。而张幼樵即张佩纶,跟胡家的确是有一段渊源的。正是因为在光绪年间得到张幼樵的举荐,年过40都未中举的胡适的父亲才有机会获得一官半职。

如此一来,胡适对张爱玲除了欣赏,更多了一份世交的亲近,与张爱玲的来往也变得更为频繁,对当时在美国举目无亲、孤苦无依的张爱玲也多了几分照顾。

感恩节那天,胡适约她去吃中国馆子,遗憾的是,张爱玲因随炎樱去吃烤鸭后又逛街,导致着凉呕吐而没办法应约。

身处异国他乡又生活窘迫,还能得到如此德高望重的友人的邀请,张爱玲心里充满了感激和温暖。

有一次,胡适去张爱玲的临时住所——纽约救世军办的职业女子宿舍来看她。那天天气很冷,张爱玲送他出来的时候,寒风隔着一条街从赫贞江上吹来,胡适望着街口露出的一角空濛的灰色河面,河上有雾,不知道怎么笑眯眯的老是望着,看怔住了。张爱玲的心里也沉重得很,后来她写道:"我也跟着向河上望过去微笑着,可是仿佛有一阵悲风,隔着十万八千里从时代的深处吹出来,吹得眼睛都睁不开。"

谁也没有想到,这竟是他们的最后一次见面。

离别之后,两人仍保持着书信往来,虽然是朋友,但是张爱玲对胡适却有种对父亲般的依赖。1958年,居无定所的张爱玲为申请到南加州亨亭屯·哈特福基金会去住半年,还请胡适做了担保人。而胡适也很爽快地答应了。

这样忘年的情谊,让张爱玲凉薄的一生里,多了许多实实在在的暖意。

## 邝文美·她宠坏了张爱玲

在张爱玲的眼里,邝文美犹如一朵"兰花",温婉大气,端庄贤淑,温和体贴,每每与她接触,都让张爱玲感觉其如玉般温润贴心。

邝文美出生在上海一个基督教家庭,母亲是美籍华人,父亲也曾赴美国留学过,并是一名忠实的基督教教徒。父母恩爱有加,家庭氛围良好,温暖和谐,让邝文美的童年成长充满了爱和阳光。再加上其父为人慷慨博爱,一生兼顾众多慈善事业，因此，邝文美从小就信守"博爱"的信条，懂得为他人着想。而她的经历也非常清晰简单，小时候在中西学校念书，英语自然很棒，在适合结婚的年龄，又遇见才华横溢且英俊的宋淇，彼此相爱并顺利地走入婚姻的殿堂，彼此扶持相爱一生。

像邝文美这种性格的人，无论谁和她相处都会很舒服，因为她内敛，不以才气逼人，没有攻击性，柔和得像春日的暖阳，给人温暖。遇见张爱玲后，她毫不吝啬地将这份温和熨帖赠予了张爱玲，给了她太多温柔和宠溺。

1949年，邝文美举家迁移香港，丈夫专任香港中文大学翻译研究中心主任，她也在设于香港的美国新闻处谋得高职，机缘巧合，三年后，张爱玲也在美国新闻处寻得一份翻译的工作。邝文美和张爱玲的友谊就是从最微妙的"同事"情慢慢发展起来的。

在与张爱玲相识之前，邝文美就阅读过张爱玲的作品，对她的文字尤为喜欢。而当这位已经声名大噪的作者出现在她眼前时，邝文美并没有过度崇拜，也没有带着八卦的心理，对她的生活进行窥探。她对张爱玲在与胡兰成的爱恨纠缠中受到的伤以及现在沦为翻译的境遇深切理解，并对这个高高瘦瘦充满才情的女子，生出心疼来。

受过情伤的女子是脆弱的，张爱玲的孤苦在邝文美这里找到了宣泄的出口,大张爱玲一岁的邝文美就像亲生姐姐一样,给了她家人的温暖。

不过,人红麻烦事情也多,原本在香港女青年会居住的张爱玲被热心读者发现,纷纷慕名来拜访,不喜与陌生人打交道的张爱玲甚为苦恼,邝文美便在距离自己家不远的地方为她租了一间屋子。平常无事,张爱玲便来邝文美家聊天,与邝文美及其丈夫宋淇相谈甚欢。

而邝文美也几乎每晚都会去张爱玲的小屋,一坐就是好几个小时,原本不爱与人闲聊的张爱玲在邝文美面前完全变了个人,就像打开了话匣子,总有说不完的话。但是,每过了晚上8点,张爱玲就会催促邝文美回家,免得宋淇担心,张爱玲还俏皮地给邝文美起了个绰号,叫"我的8点钟的灰姑娘"。可见张爱玲对邝文美甚是喜爱,而这样温暖平易的相处让两人的感情愈加深厚。

邝文美和宋淇的美满婚姻,让张爱玲叹服。她称他们为绝世好夫妻,美好到让人根本产生不了嫉妒,反而涌起一股想要去保护这份美好的念头。

在邝文美的眼里,张爱玲才华横溢,在香港这个城市里孤苦无依,从惜才到怜人,无一不体现了她对张爱玲深深的宠溺。

有学识有见地的邝文美不顾宋美龄的抬爱,以自己无暇照顾家庭为由婉拒了宋美龄的邀请，为的就是能时时陪伴张爱玲。

对此，张爱玲很是感激，她对邝文美说："S.M.L.要你这样的companion而不可得，我倒可以常常同你在一起。你不情愿那样浪费时间，而情愿这样浪费时间。"

如果没有战乱，张爱玲一直在香港待下去，或许生活会更为顺遂一点。可是好景不长，战乱令香港动荡不安，张爱玲抓住美国允许学有所长的外国人迁居美国的机会，申请去了美国。

1955年11月的一天，张爱玲离开香港前往美国，邝文美和宋淇前去送行。邝文美和宋淇转身离开的瞬间，张爱玲感觉轰然一声天坍了下来，眼泪流个不停。后来，她给邝文美写信说："自从认识你以来，你的友情是我生活的core(核心)。我绝对没有那样的妄想，以为还会结交到像你这样的朋友，无论走到天涯海角也再没有这样的人。"可见在那时，她和邝文美的感情对于张爱玲来说是多么强大的精神支撑。

张爱玲和邝文美的友谊并没有因为相隔几万公里而变得疏远。相反，在异乡的孤独让张爱玲对邝文美更为依赖。每次写信，她都会将发生在自己身上的事无论大小均倾诉给邝文美。而邝文美也还是那个愿意耐心聆听她的絮叨和琐碎，并对她的生活和工作给予支持的人。

在美国期间,张爱玲依旧靠写文为生,日子过得非常窘迫,对她了解至深的邝文美一直支持丈夫宋淇为张爱玲各类书籍的出版劳心劳力,做张爱玲生活背后的强大支撑。

不过,再深厚的感情也会有闹得不开心的时候。邝文美再贤淑也并非圣贤,依然有无法顾虑周全的时候。

1961年,到国际电影懋业公司担任制片主任的宋淇让张爱玲为他的公司改编《红楼梦》剧本。为此,张爱玲回到香港想听听红学专家宋淇的意见,以便更好地进行创作。

然而,当张爱玲写完了剧本,电影公司方面却出了问题。公司因为知道宋淇和张爱玲的关系,让他回避对张爱玲剧本的审查。结果剧本没能通过审查,导致张爱玲的稿酬落空。对此,张爱玲心生埋怨,认为那是宋淇对剧本不满意的托词,甚至在写给赖雅的信中气愤地表示:"元宵节前夕,红红满月,我走到屋顶思索。他们不再是我的朋友了。"

不过,很显然那是张爱玲一时的气话。等心平气和下来,就算没有邝文美的解释,她都会明白其中肯定藏有误会。因为她也懂得邝文美的为人。

所以,虽然这次的香港之行让张爱玲感到不快,但友情并未终止。离开香港后,张爱玲依然与宋淇保持合作。宋淇在邝文美的督促下,为张爱玲找来了台湾皇冠出版社老板平鑫涛,从此,张爱玲各类作品均由该出版社出版,为她赢得这是怎么回事，那么我呢？我们不是常常聚在一起谈文说书的吗？苏青与张爱玲的彼此吹捧，让被排斥在外的潘柳黛错愕至极。

接下来，关于"怎样写起文章来的""对于外国女作家的意见""自己认为最满意的是哪一篇"等主题的讨论，潘柳黛的发言均不够积极，大多都只是被追问，因为她的处女作并非发表在定期刊物上，而只是《新北平报》的"中秋"征文评选出的优秀作品，她也不多产，对于外文也没什么研究，所以被人打破砂锅问到底时，潘柳黛招架不住，尽显窘态。潘柳黛处境尴尬，再看看那两人却娓娓而谈，潘柳黛气急败坏，明明她风光的时候，那两人都还名不见经传呢，如今反而被她们压下去了，真是太丢脸了。

不过，这还不算什么，更大的打击在后面。

1944年春，正在热追张爱玲的胡兰成写了一篇名为《论张爱玲》的文章，对张爱玲大肆赞美，称她的文章"横看成岭侧成峰"，还提及她身染"贵族血液"，使得上海滩掀起一股追捧张爱玲的风潮。

更让潘柳黛感到不可思议的是，8月时，张爱玲新书《传奇》的集评茶会竟然没有邀请她参加！

怎么会这样？苏青倒向了她，一向两眼朝天的胡兰成用政论家的手笔吹捧她……自己真的被她们排斥在外了吗？

一种强烈的被抛弃感,彻底激起了潘柳黛压抑已久的对张爱玲的嫉妒之心。

因此,她用戏谑的口吻写了一篇《论胡兰成论张爱玲》,对张爱玲的"贵族血液"极尽调侃和讽刺,直言张爱玲父亲的妻子是李鸿章的外孙女,张爱玲是李鸿章的曾外孙女,说"这关系就好像太平洋里淹死一只老母鸡,上海人吃黄浦江的自来水,他自说自话是'喝鸡汤'的距离一样",是八竿子打不着的亲戚关系。语言犀利尖刻,完全没有给交往甚好的友人留情面。

曾经不设防地"交心"却换来这样的结果,张爱玲更确定了潘柳黛是不值得自己继续交往的朋友,从此对她"敬而远之",一段热烈的友谊,就此画上句号。即使在十年后的香港,有人向张爱玲提起潘柳黛,她仍冷漠地说道:"潘柳黛是谁?我不认识她。"

想想也是,情人眼里出西施,别人对自己的恋人大肆赞美碍着你什么事了,你有何理由跳出来进行讽刺和调侃?甚至不惜拿出自己和张爱玲私交时的一些事情来排揎她。显然,这种种做法已经很不厚道了。

正如前面所说,有野心的人,容易心生嫉妒。正是对张爱玲才情的嫉妒,对张爱玲才华超越自己的恐惧,令潘柳黛心理失衡,情难自已地采取这种拙劣的方式来打压张爱玲。

甚至将自己主编的杂志也命名为《紫罗兰》。

也正是因为这本杂志，张爱玲才有机会和这位长自己25岁的文坛前辈相识。那是1943年，23岁的张爱玲因为战事，放弃了香港大学的学业回到了上海。那时候的她，还是个文坛新人，唯一让她拿得出手的也就是在《西风》杂志上发表过几篇作品。不过，张爱玲对自己的作品还是很自信的，她并不想让自己的文章被不懂赏识的人如扔垃圾般丢弃，所以，托了自己母亲黄逸梵娘家的亲戚，也就是园艺家黄岳渊，找到了周瘦鹃。

所谓志同道合者易结为友，对园艺颇有讲究的周瘦鹃与同样热爱园艺的黄岳渊是多年好友。如今好友推荐，自然是要认真对待。因此，当张爱玲带着自己的两篇中篇小说《沉香屑·第一香炉》和《沉香屑·第二香炉》与其姑姑一起登门拜访时，周瘦鹃热情地接待了她们。

当张爱玲将这两本书稿交给周瘦鹃时，周瘦鹃立刻被文章标题所吸引，觉得标题取得尤为别致，当即便让张爱玲将稿本留下，自己好细细品读。

初次见面，聊得不算多，但是该聊的也都聊了，而且谈论的多是张爱玲的情况，比如，张爱玲的写作经历，擅长哪类文稿，与黄岳渊的关系等，在一定程度上来说，张爱玲这次的登门拜访属于毛遂自荐。高傲如张爱玲内心其实是不屑这么做的。也正因如此,当时年少气盛的张爱玲对这次交流并没有欣喜之情,反而对周瘦鹃的印象大打折扣。

不过,周瘦鹃对她的作品还是相当欣赏的。只是见多识广的周瘦鹃眼睛很毒,一阅读就看出了小说风格与英国作家萨默塞特·毛姆的作品有些相似,且在叙述上留有《红楼梦》的痕迹。

所以,当一个星期后张爱玲来询问稿子结果时,周瘦鹃直率地讲出了自己的看法,张爱玲也承认自己是威廉·萨默塞特·毛姆的拥趸,并尤为喜欢《红楼梦》,因此在写作上受到这两者的影响也是自然而然的事。

周瘦鹃对此并不是很介意,询问她,可否愿意将这两篇中篇小说刊登在即将复刊的《紫罗兰》上。对于稿子被采用这件事,张爱玲还是很开心的,但是,对于周瘦鹃发表的对稿子的看法,张爱玲心里显然是很不舒服的。

1943年5月,《紫罗兰》复刊第一期印刷出来了,上面刊载了《沉香屑·第一香炉》前部分,周瘦鹃拿着样刊去张爱玲和姑姑合住的爱丁顿公寓拜访。公寓略显窄小,却一点也不影响周瘦鹃谈话的兴致。他从文艺作品一直谈到园艺盆景,而张爱玲也依旧不忘介绍自己,拿出一份刊登了她的《中国的生活和服装》一文的《二十世纪》杂志,告诉他文中所有妇女新旧服装的插图均是她绘画而出,自豪之情溢于言表。

对此，周瘦鹃心生佩服，不过一向沉稳的他，并没有当面给予过多赞美，敏感的张爱玲在满怀骄傲的介绍后，得到这样的回应，心里是隐隐有些不悦的。但无论如何，周瘦鹃对张爱玲的才华又多了一分了解。

因此，周瘦鹃在《紫罗兰》第二期出版时，索性将《沉香屑·第一炉香》剩下的部分全部刊登，并在卷首附上自己的《写在紫罗兰前头》，对张爱玲的这篇小说不吝赞美："请读者共同来欣赏张女士一种特殊情调的作品，而对于当年香港所谓高等华人的那种骄奢淫逸的生活，也可得到一个深刻的印象。"

这是国内第一篇盛赞张爱玲作品的评论文章，这篇小说很快就大受读者欢迎。张爱玲也从一个无名小卒慢慢地被众人知晓。作为主编，且具有商业头脑的周瘦鹃很懂得趁热打铁，紧接着又在杂志上连载了三期《沉香屑·第二炉香》。

从《沉香屑·第一炉香》到《沉香屑·第二炉香》连载完，在这四个月里，张爱玲逐渐成为了炙手可热的文坛才女，声名大噪。

然而，让周瘦鹃没想到的是，这会是他和张爱玲的最后一次合作。

这主要是因为周瘦鹃出于商业利益的考虑，也由于稿子的篇幅过长，便断然拒绝了张爱玲一期就刊登完的提议，而将她的《沉香屑·第二炉香》分了三期连载,这让张爱玲大为光火。为此,张爱玲主动和周瘦鹃断了来往。

张爱玲的大热离不开周瘦鹃的推崇,对此,张爱玲应该是怀有感激之情的,然而,敏感如张爱玲却并不这样想,一心觉得周瘦鹃做任何事都是为了商业利益。

事实上,在某一方面过于敏感其实就是特别在乎这一方面的表现。对周瘦鹃是否赏识自己的过于在乎,让心高气傲的张爱玲变得异常敏感,以至于任何一件小事都能让她耿耿于怀。

这种耿耿于怀,甚至一直延续到晚年。对于这位帮助过自己的文人前辈,张爱玲在自传体小说《小团圆》里用"二〇年间走红的文人汤孤鹜"来指代他,并这样描写道:"汤孤鹜大概还像他当年,瘦长,穿长袍,清瘦的脸,不过头秃了,戴着个薄黑壳子假发。"周瘦鹃幼年得过怪病,痊愈后须发眉毛脱光,平时总戴着墨镜和特制假发。张爱玲对此没有一点避讳,不是说"光头",而是直接写"秃了",并明确说出周瘦鹃对她的作品并不欣赏,可见,她对周瘦鹃一直心存不满。

而周瘦鹃早年在写到与张爱玲的来往时,文中表现出了对张爱玲才华的欣赏,并为她的作品以及她这个文坛新秀在自己的杂志上进行了浓墨重彩的推介。所以,周瘦鹃对张爱玲的作品完全不欣赏这一说法，只是张爱玲过于敏感所造成的误解。

## 夏志清·世间难有的知己

夏志清，一位西洋文学专家，但是以中国文学扬名，其《中国现代小说史》和《中国古典小说史论》奠定了他在西方汉学界关于中国文学特别是中国现代文学研究领域的地位，其中《中国现代小说史》是一部相当具有争议的著作。作者以其融贯中西的学识，宽广深邃的视野，探讨中国新文学小说创作的发展路向，尤其致力于"优美作品之发现和评审"，发掘并论证了张爱玲、张天翼、钱锺书、沈从文等重要作家的文学史地位，使此书成为西方研究中国现代文学史的经典之窗。

在爱情的世界里给了张爱玲最大伤害的胡兰成曾经可以算是张爱玲的"半个知己"，他曾悄无声息地走进孤傲的张爱玲的心里，也肆无忌惮地伤害了她。而夏志清则可以说是张爱玲真正的知己，蓝颜知己。所谓蓝颜知己，也叫碳粉知己，是一个与女性在精神上独立、灵魂上平等，并能够达成深刻共鸣的男性朋友，被称为一种游离于亲情、爱情、友情之外的"第四类感情"。他们视彼此为知音,张爱玲性格孤绝,甚至可以说是尖酸刻薄,但是夏志清一直对她倾心倾力地照顾,张爱玲给夏志清的信上说:"我对不知己的朋友总是千恩万谢,对你就不提了,因为你知道我多么感激。"孤傲如张爱玲,都能对他如此信任和感激,可见夏志清是真的懂她。

夏志清认为张爱玲"该是今日中国最优秀最重要的作家",可以看出他对张爱玲才华和她对中国文学所做贡献的肯定。他在《中国现代小说史》中对张爱玲的作品进行了生动的阐释和描摹,从小说史中给张爱玲的篇幅,足见夏志清对张爱玲才华的欣赏和推崇。

夏志清对张爱玲的作品可以说是已经到了偏爱的程度,他称张爱玲的《金锁记》为"中国自古以来最伟大的中篇小说"、《秧歌》在中国小说史上是"不朽之作"等,足见其对于张爱玲的高度赞扬。夏志清却在自己的书中,将在当时尚未得到普遍认可的张爱玲的地位,排在鲁迅的前面。1961年年初,时年40岁的夏志清教授在《中国现代小说史》中专章讨论张爱玲,他在《中国现代小说史》第十五章开宗明义地写道:"对于一个研究现代中国文学的人来说,张爱玲该是今日中国最优秀最重要的作家。"夏志清深刻懂得张氏小说的魅力所在,他认为,张氏小说之所以迷人,在于"她的意象的繁复和丰富,她的历史感,她的处理人情风俗的熟练,她对人的性格的沉厚与苍凉。

读柯灵的文章,无论是《故园梦忆》《人间万象》,还是《龙山杂记》《青岛印象》,总能体会到一缕隐隐的悲思。

1943年7月,柯灵受邀到上海,接手《万象》,也就是那个时候,他读了《沉香屑·第一炉香》,劈面惊艳,张爱玲这个名字,也深深地印刻进了他的脑海。

但那个时候,他对张爱玲的感情还是相当单纯的,只是倾慕她的才华。

他想找《紫罗兰》的主编周瘦鹃帮忙引荐,但又觉得这样做太过唐突,然而就在这个时候,她却出乎意料地出现在了他的面前。

他记得那一天,她穿着一件丝质碎花的淡雅旗袍,拿着一个报纸包,静静地站在位于福州路昼锦里的《万象》编辑室外,清冷中带着一股桀骜。

那天他们的交谈很简短,她拿出一篇稿子给他看。稿子末尾,还附着她手绘的插图。他再次被惊艳到。

"众里寻他千百度,蓦然回首,那人却在灯火阑珊处",有一次柯灵和友人谈及初见张爱玲时的心情,这样说道。

柯灵倾慕张爱玲的才华,不想让她明珠蒙尘。

于是,1943年8月,《万象》刊载了张爱玲的成名作之一《心经》。

或许，从现实的角度来看，柯灵当年的力捧对张爱玲来说不过是锦上添花，但无可否认的是，张爱玲能在短短两年的时间里走上文学的巅峰，红遍上海滩，柯灵也是助力之一。

《心经》发表后不久，张爱玲又相继发表了《金锁记》《倾城之恋》《琉璃瓦》《花凋》《红玫瑰与白玫瑰》《殷宝滟送花楼会》《桂花蒸 阿小悲秋》等文章，红极一时。

看着盛放的张爱玲，柯灵心中却总有一丝担忧。

那个时候，上海是日本的军事占领区，已经沦陷，文学界呈现的是清浊不分的一片乱象，一些老一辈的文学家都选择了隐退，不想沾染是非。一些惜才的文人，也希望张爱玲能够隐退，毕竟力捧她的很多报纸媒体，都有着汪伪的背景。

与其平白无故地沾染了"灰尘"，为什么不等河清海晏、政治清明的时候再站出来，求一世的灿烂呢？

柯灵，是真正地在为张爱玲着想。

但那个时候，他们之间不过是点头之交，清淡如水，他害怕自己交浅言深的劝说会令她反感。正在踌躇的时候，她写来一封信，说《万象》的后台老板平襟亚很欣赏她，想要帮她出一本小说集。她想问问柯灵对此有什么看法。

柯灵便给她回了一封信，信上说"只有白纸上写着黑字是真的……"劝她委婉谢绝，但她却曲解了他的好意，"趁热打铁"再版了《传奇》。

## 傅雷·恩怨终究会消散

张爱玲是一个清凛的女子,独立而阑珊,但她的作品却繁华如诗,奢侈而精致。

喜欢她的人赞她风华绝代、才华横溢;不喜欢她的人憎她冷漠刻薄、虚伪矫情。但实际上,张爱玲也不过是一个以我笔写我心的文人。

每一个文人都是自负的。

这种自负,不是盲目的骄傲,而是对自己作品与情怀的一种自信。

张爱玲说,写文章是她的宿命,她自己也喜欢这种宿命。

两个自负的文人相遇会发生什么?

不是惺惺相惜就是针锋相对,而张爱玲和傅雷,显然是后者。

1944年5月,著名翻译家、文学评论家傅雷以笔名"迅雨"在《万象》上刊载了一篇名为《论张爱玲的小说》的文章。

在文章中,傅雷说张爱玲的《金锁记》是"我们文坛最美的收获",盛赞不已,剧作家柯灵在后来发表的评论中,也说这是"老一辈作家关心张爱玲明白无误的证据",事情若这般发展下去,张、傅之间,自然是"相见欢",只有恩而没有怨。

但不知傅雷当时是怎么想的,又或者他性情就是如此,在盛赞了《金锁记》后,笔锋一转,却对张爱玲的成名作《倾城之恋》狠狠地批判了一番。

他认为,《倾城之恋》中,范柳原和白流苏的爱情就像"六朝的骈文,虽然珠光宝气,内里却空空洞洞,既没有真正的欢畅,也没有刻骨的悲哀",两人在战争中相互倾心,最后"死生契阔"也是在走"平凡的、庸碌鄙俗的下山路"。

或许,傅雷本身并没有恶意,贬斥《倾城之恋》也不过是在衬托《金锁记》的完美,但显然,张爱玲并不这么看,更不愿意领受这份情。

少年成名的张爱玲,对自己的文笔是相当自信的,她不蛮横,也愿意接受别人善意中肯的批评。胡兰成、赖雅、桑弧、柯灵、苏青、炎樱、宋淇等,都对她的文章提过一些意见,她也都欣然接受,但她对傅雷的意见却很大,在张爱玲看来,傅雷并不懂她,只是自私地站在自己的角度来审视她的世界,既不客观,也不中肯,更没有丝毫的善意,完全是为了评论而评论。

这种牵强附会的评论是张爱玲所不能接受的。

心有不忿的张爱玲立即写了一篇名为《自己的文章》的

背景不同、经历不同,两人之间"战火纷飞"也就没什么好奇怪的了。

当然,时至今日,对与错已经不再重要,一切恩恩怨怨也都随着当事人的离开而消散,剩下的,不过是一声叹息。

## 戴文采·她与张爱玲为邻

张爱玲是中国当代最有传奇色彩的女作家之一,所以她一直备受关注。想了解她的生活,想见到她本人,也在情理之中。

年轻时的张爱玲,纠缠于尘世的纷纷扰扰,而晚年的张爱玲则以她对尘世的决绝,保持了一份冷峻与神秘。

要想采访到晚年的张爱玲并不是一件容易的事,就连唯一采访到晚年张爱玲的水晶,也是在被拒绝了两次后,才获得了采访她的机会。

同在美国的女作家戴文采却没有水晶的幸运。她希望能采访张爱玲,然后写出一篇惊世骇俗的报道。但知晓张爱玲的性格,便不难想象戴文采多次失望着打道回府的结局。

戴文采在被张爱玲很干脆地拒绝后,她另辟蹊径,搬到了张爱玲在洛杉矶的寓所旁,做了张爱玲的邻居,然后与台湾的《联合报》打算一起写一篇名为《侧写张爱玲》的文章，可张爱玲毫不犹豫地拒绝，让这个计划一直无法展开。

戴文采做出了一个令人惊骇的举动——去翻张爱玲的垃圾箱，把张爱玲的垃圾全部带回家，再细细地捡拾整理，然后根据自己的臆想对张爱玲的私生活进行了一番"创作"，最后写出了一篇长文——《我的邻居张爱玲》。稿子完成以后，戴文采先发给了《联合报》，《联合报》的副刊主编是诗人痖弦，他看到稿子之后非常震惊。他没想到戴文采能如此没有底线地去窥探一位著名女作家的隐私，他不耻这种低劣的行为，于是拒绝刊发。

戴文采自然是不死心，转而把稿子发给了《联合报》的对手《中国时报》，《中国时报》也断然拒绝。在辗转了多家刊物后，最终只能在北美的一个不太知名的小报上发表。但即便如此，也引起了不小的轰动。戴文采的目的基本达到，她果然因此一鸣惊人了。

1995年张爱玲逝世后，这件事情被逐渐淡忘了。

其实，一些人想借着张爱玲的名头沾沾她的光也无可厚非，但戴文采的行为已经触及了他人的底线。戴文采后来也确实因为翻张爱玲的垃圾箱出了名，此后的几十年里，无论她如何为自己辩解，她的名字每每被人提起时都和张爱玲的垃圾箱联系在一起。以这样的方式被世人所了解与记忆，不

# 尾声 / 永远的张爱玲

## 民国女人张爱玲

乱世多巾帼，临水应照花，张爱玲，从来都是一个独特的女子。

她憎恶"生活的戏剧化"，可她的人生却实实在在的是一部折子戏，戏名为《活色生香》。

色为色彩，诠释的是一种雕琢在时光里的穿衣文化；

香为香味，升华的不仅仅是美食的精致，还有一种生活的绮艳。

文坛几经繁盛，张爱玲，却永远都是最特别的那一个。

张爱玲的一生，命途多舛，起伏于波澜，爱过、恨过，尊贵过、潦倒过，无论哪种境遇，她的生活始终都是精致的。

不是虚荣，而是一种孤高。

相比于"丝毫不矫饰"的苏青、多愁善感的关露、刻薄辛辣的潘柳黛，"四大才女"中，张爱玲的才情最为惊绝于世，甚至她的"奇装异服"都为人津津乐道。

张爱玲说"衣服是一种言语，各人住在各人的衣服里"，《对照记》中，四五十幅照片，仿佛是无声的细语，喃喃讲述着张爱玲一生的"桃红"与"葱绿"。

在《小团圆》中有这样一段描述："翠华从娘家带来许多旧衣服给九莉穿，领口发了毛的线呢长袍，一件又一件，永远穿不完，在她那号称贵族化的教会女校实在触目。"少女时期在女校中的"衣着寒酸"，让她一直耿耿于怀，不是虚荣，而是爱美之心使然。

成年后，张爱玲标新立异的穿衣方式，其实多多少少还是受了往事的影响。

在穿衣方面，张爱玲喜欢强烈的撞色，喜欢参差的对照，搭配衣服对她而言，就是在创作一幅色彩浓烈的画，画板和作画者，都是她自己。

她的"画风"，浓烈中带着一种遗世的清冷，鲜艳的背后，总萦绕着一股淡淡的凄凉。

她一生中"画作"很多，镌刻在岁月中的，却只有三幅。

一是园游会上，她与李香兰合影时穿的一件"米色薄绸上撒着淡色墨点，隐有暗紫凤凰"的齐膝连衣裙，裙子是用祖母留下的一床被面改的，素淡中带着一种雅致和贵气。

二是战后初返上海时，穿的"乡下只有婴儿穿的"广东盛名之下，她背负了许多，但她却活得最真实、最坦率，所以，她的文字、她的人生，才会引起许许多多如她一般的"俗人"的共鸣。

细细地品读她，很容易就能感觉她与众不同的精致，这份精致融合在世俗中，所以才更容易被接受、被铭记、被怀念。

毕竟，生活原本就是一种艺术，世俗才是文学最初的模样。

倘若少了身上那许精怪的世俗气，少了那份特立独行的清冽，张爱玲便也不是张爱玲了。

"一个人假使没有什么特长，最好是做得特别，可以引人注意。我认为与其做一个平庸的人过一辈子清闲生活，终其身，默默无闻，不如做一个特别的人，做点特别的事，大家都晓得有这么一个人，不管他人是好是坏，但名气总归有了。"

张爱玲是这样说的，也的确是这样做的。

她喜欢穿奇装异服，喜欢幽幽的红与无尽的绿中那种特别的意蕴。

她写剧本、写小说、写杂文，也写散文。轻轻掀开她人生的书页，我们总能感受到华丽背后婉转的嘲讽，不知道是在嘲讽自己，还是在嘲讽"人性"。

"我本人一向把张著当圣经。"

"商业社会年轻一代为生活奔波得透不过气来，张爱玲的作品无疑可以点缀生活，如一对罕见的白底蓝花古瓶。"

著名女作家亦舒在谈及张爱玲的时候这样说。

张爱玲曾笑着调侃"出名要趁早"，而她这一生，又何尝不是被盛名所累。

人活着，有时候活的不是人生，而只是一个故事。

张爱玲不愿意写故事，她想要做自己。

"八岁我要梳爱司头，十岁我要穿高跟鞋，十六岁我可以吃粽子汤团，吃一切难于消化的东西。"

她也曾为了一个人"低到尘埃里，从尘埃里开出花来"。

她有些自恋，但自恋的背后隐藏的是不被懂得的孤寂。若有人愿意与她"相见欢"，愿意给她一份"倾城之恋"，她又何必孤孤冷冷地度过一生。

是与非，粉与黑，她从未在意过，她也从未将自己定义成某类人，她希望的，不过是由着性子做真实的自己和难觅的一份懂得。


## 唯有灵魂香如故

一炉沉香屑，烬余多倾城，
婉转花凋处，灵魂香如故。

饭黏子，红的却是心口上一颗朱砂痣。"

张爱玲懂了，所以她在《倾城之恋》里写："炸死了你，我的故事就该完了。炸死了我，你的故事还长着呢！"

当她彷徨时，桑弧出现了。

桑弧的确是她理想中的良伴，若是在正确的时间相遇，她们将是镌刻在岁月中最温馨的伴侣。只可惜……一切都是可惜。

1956年，张爱玲与赖雅邂逅，从此，相偎相伴。风华绝代的她愿意"因为懂得"，"慈悲"地为他收敛自己的光彩，为他荆钗素裙，洗手做羹汤，只可惜，这种最朴素干净的温情也没能长久，1967年，赖雅因病逝世。那一年，爱玲47岁。

此后近三十年，曾经显赫一时、惊艳了整个中国文坛的张爱玲选择了与世隔绝，除了和宋淇等少数友人偶有通信外，她的世界便只有她一个人。

"只有张爱玲才可以同时承受灿烂夺目的喧闹与极度的孤寂。"

她如山泉般清冽，放在铜香炉中，这股泉水便沉淀成了一炉沉香，静静地燃烧着，烧尽了，便再无牵挂，剩下的，只有一缕萦绕在灵魂深处的幽香，袅袅在岁月的流岚中，依然香气如故。

张爱玲年谱

张爱玲作品简析

# 张爱玲年谱

## 1920年

9月30日,张爱玲出生于上海麦根路(今康定东路),祖籍河北丰润,原名张煐,10岁时改名张爱玲,曾用笔名梁京。

## 1921年

12月21日,弟弟张子静出生。

## 1922年

父亲张志沂任天津津浦铁路局英文秘书,举家迁至天津32号路61号大宅。

## 1924年

张爱玲进入私塾读书,同年,母亲黄逸梵与姑姑张茂渊一同赴英国留学。

## 1928 年

全家迁回上海。不久后,母亲回国,她跟随母亲学习绘画、钢琴和英文。写过一篇乌托邦式的小说《快乐村》。

## 1930 年

张爱玲进入上海黄氏小学读书,正式更名为张爱玲。

同年,父母离婚,张爱玲跟随父亲生活。

## 1931 年

张爱玲进入由美国圣公会成立的贵族学校圣玛利亚女校就读,并且开始阅读《红楼梦》。

## 1932 年

在圣玛利亚女校校刊《凤藻》上,发表了她的短篇小说处女作《不幸的她》。

## 1933 年

在圣玛利亚女校校刊《凤藻》上,发表了她的第一篇散文《迟暮》。

画了一幅漫画,投到上海《大美晚报》,并收到报社寄来的第一笔稿费 5 元钱,为自己买了一支小号丹琪口红。

## 1934 年

父亲张志沂与民国政府前总理孙宝琦之女孙用蕃结婚。

同年夏天,张爱玲升入圣玛利亚女校高中部。

写了生平第一篇章回小说《摩登红楼梦》,父亲为她拟了回目。

## 1936 年

散文《秋雨》发表于圣玛利亚女校校刊《凤藻》上。

## 1937 年

从圣玛利亚女校毕业。

其间,在《国光》刊载小说《牛》《霸王别姬》及《读书报告三则》《〈若馨〉评》,在校刊《凤藻》上刊载了《论卡通画之前途》。

同年,张爱玲因与后母发生口角,被父亲责打,并被拘禁半年。

## 1938 年

旧历年前,趁父亲不注意,在女佣何干的帮助下,逃出父亲的家。转而投入母亲黄逸梵的怀抱。

## 1939 年

获得伦敦大学奖学金,准备留学。不久"二战"爆发,张爱玲被迫改入香港大学文学院。并在此结识了终生的朋友,斯里兰卡女子炎樱(Fatima Mohideen)。

## 1941 年

4月16日,《西风》月刊三周年征文揭晓,张爱玲的《我的天才梦》获名誉奖第三名。

## 1942 年

香港沦陷,香港大学停课,张爱玲被迫中断学业,回到上海,进入美国圣公会中国差会主办的圣约翰大学就读,但是两个月后就因为经济窘困而辍学。从此她选择从事文学创作为生,并开始为英文《泰晤士报》写剧评、影评;也替德国人办的英文杂志《二十世纪》写《中国人的生活与服装(Chinese life and Fashion)》。当时她租住赫德路爱丁顿公寓(即常德公寓,现址上海市常德路195号)51室(1942年迁至65室),与姑姑张茂渊同住。

## 1943 年

张爱玲结识了上海著名作家和编辑周瘦鹃,并受其赏识。

## 1943—1944 年

连续发表多篇中短篇小说,在《紫罗兰》杂志连载中篇小说《沉香屑:第一炉香》《沉香屑:第二炉香》,《杂志》月刊刊载《茉莉香片》《到底是上海人》《倾城之恋》《金锁记》,《万象》月刊刊载《心经》《琉璃瓦》,《天地》月刊刊载《散戏》《封锁》《公寓生活记趣》,《古今》月刊刊载《洋人看京戏及其他》《更衣记》引起轰动,在沦陷时期的上海一举成名。

## 1944 年

结识汪精卫伪政权的宣传部次长、作家胡兰成(1906—1981),并与之交往。其实自1942年起,胡兰成便一直与上海极司菲尔路76号特工总部警卫队长吴四宝遗孀佘爱珍有染。

8月,胡兰成与张爱玲在上海结婚(婚礼上只有炎樱和胡兰成的侄女胡青芸在场)。不久,胡兰成前往武汉办报,在医院期间结识一名17岁的护士周训德,并与之同居。

## 1945 年

8月,日本投降,胡兰成化名张嘉仪,逃亡至浙江温州,任教于温州中学。在流亡期间,胡兰成与范秀美同居。

## 1946年

2月,张爱玲前往温州探视胡兰成。与胡兰成因为情人之事发生争吵,最后黯然回上海。

11月,《传奇》(增订本)由山河图书公司出版,炎樱设计了封面。

## 1947年

与电影导演桑弧合作,创作了《不了情》《太太万岁》等剧本,颇为成功。

6月10日,张爱玲写信与胡兰成分手。

## 1949年

5月27日,上海解放,张爱玲继续留在上海。

## 1950年

以梁京的笔名,在上海《亦报》连载《十八春》(后改名为《半生缘》)。

张爱玲曾经参加上海文艺代表团到苏北农村参加土改两个月时间,但是由于无法写出政府要求的"歌颂土改"的作品,颇感困惑。她感到与当时的社会环境格格不入,加之与胡兰成的关系,她面临着极大的政治压力。

## 1951年

11月,《十八春》由上海《亦报》出版单行本。

11月至次年1月,《小艾》在上海《亦报》连载。

## 1952年

7月,张爱玲声称要"继续因战事而中断的学业",只身离开中国内地,迁居到香港。随后就职于美国新闻处（United States Information Service）。在港期间,张爱玲结识毕生挚友宋淇夫妇。在宋淇力捧下,张爱玲成为电懋的编剧主力之一。

## 1953年

父亲张志沂在租住的上海江苏路285弄28号吴家小客厅去世,终年57岁。

《秧歌》英文本在美国出版,美国的《纽约时报》《星期六文学评论》《时代》周刊相继发表书评。

## 1954年

发表以土改为背景的小说《秧歌》(中文版)与《赤地之恋》。结果其作品被称为"毒草",在大陆受到批判。

## 1955 年
离港,赴美国定居。

## 1956 年
3月到6月,生活窘迫的张爱玲居住在新罕布什尔州彼得堡的麦克道威尔文艺营(MacDowell Colony),在此她结识了65岁的左翼剧作家赖雅(Ferdinand Reyher)并怀孕。

同年8月18日,两人结婚。但由于各种原因,张爱玲在寓所进行人工流产。

## 1957 年
母亲黄逸梵在英国伦敦去世,终年61岁。因经济状况,张爱玲没有前去出席葬礼。

## 1960 年
7月,张爱玲成为美国公民。

## 1961 年
到香港和台湾寻求机遇,这是她有生之年唯一一次造访台湾。张爱玲先到台北,在作家王祯和的陪同下到花莲观光。中途赖雅在美国中风,被迫中断台湾之旅。

为寻得合作,她转机香港。因创作《红楼梦》剧本,而滞留在香港。后来,因为种种原因,《红楼梦》剧本没被采纳。

## 1962年
年初,回美国,与赖雅移居华盛顿。

## 1967年
10月8日,赖雅去世。张爱玲获邀担任美国雷德克里夫女子学校驻校作家,并且开始将清朝的长篇小说《海上花列传》翻译成为英文。

英文长篇小说"The Rouge of the North"(即《怨女》)在英国伦敦出版。

## 1968年
7月,《怨女》单行本由台湾皇冠出版社出版。

长篇小说《秧歌》《张爱玲短篇小说集》《流言》先后在台湾皇冠出版社出版。

## 1969年
《半生缘》由皇冠出版社出版。

《皇冠》杂志发表《红楼梦未完》。

移居加州，受聘于加州大学伯克利分校。

## 1972 年
定居洛杉矶，于寓所深居简出。

## 1973 年
《幼狮文艺》刊载《初详红楼梦》。

## 1974 年
《中国时报》人间副刊刊载《谈看书》。

## 1975 年
《中国时报》人间副刊刊载《谈看书后记》。

完成英译《海上花列传》。

《皇冠》杂志刊载《二详红楼梦》。

## 1976 年
散文集《张看》由皇冠出版社出版。

《联合报》副刊刊载《三详红楼梦》《张看自序》。

## 1977年

十年心血之作红学专著《红楼梦魇》由皇冠出版社出版。

## 1978年

《皇冠》刊载《色,戒》。

## 1979年

5月,《联合报》副刊刊载《表姨细姨及其他》。

## 1980年

7月,《联合报》副刊刊载《谈吃与画饼充饥》。

## 1981年

《海上花列传》由皇冠出版社出版。

## 1983年

《惘然记》由皇冠出版社出版。

## 1984年

《联合文学》刊载电影剧本《小儿女》《南北喜相逢》。

## 1986 年

2月,小说集《传奇》由人民文学出版社重新排印,前附作者像。

## 1987 年

《余韵》由皇冠出版社出版。

## 1988 年

《续集》由皇冠出版社出版。

## 1989 年

5月,剧本《太太万岁》在《联合报》连载。

《联合报》副刊9月25日刊载《草炉饼》。

## 1991 年

6月,姑姑张茂渊在上海去世。

7月,《张爱玲全集》典藏版:《秧歌》《赤地之恋》《流言》《怨女》《倾城之恋》《第一炉香》《半生缘》《张看》《红楼梦魇》《海上花开》《海上花落》《惘然记》《续集》《余韵》由皇冠文学出版有限公司出版。

## 1992 年

《爱默森选集》由皇冠文学出版有限公司出版。

《张爱玲文集》（四卷本）由安徽文艺出版社出版。

《张爱玲评传》由花山文艺出版社出版。

## 1993 年

历时三年的《对照记》完成。

《联合文学》刊载电影剧本《一曲难忘》。

## 1994 年

《对照记》由皇冠文学出版有限公司出版。

## 1995 年

9月8日，张爱玲被发现逝世于洛杉矶公寓，当时身边没有一个人，享年74岁。

9月19日，林式同遵照张爱玲遗愿，将其遗体在洛杉矶惠捷尔室玫瑰岗墓园火化。

9月30日，林式同与数位文友将她的骨灰撒入太平洋。

# 张爱玲作品简析

## 小 说

**1.《不幸的她》**

这篇小说是张爱玲的处女作。主要讲述了一对少女时代的密友,长大以后,一个为反抗母亲为她订的婚姻而漂泊四方,一个自由恋爱结婚后过上了幸福的生活。十年后,两人相见,一星期后,"不幸的她"悄然离去。因"不忍看了你的快乐,更形成我的凄清!"《不幸的她》中,明显地投影着作者母亲的形象,而倔强地坚持独自咀嚼"凄清"的"她"又正是作者的自画像。

**2.《霸王别姬》**

《霸王别姬》是一部由张爱玲编著的短篇历史小说。该小说以虞姬为主线,通过虞姬与项羽的对话、虞姬外出营房巡视等所见所闻及所产生的心理活动,深刻地揭示了虞姬的心理发展历程,为虞姬最后的自刎巧妙地做了铺陈。

### 3.《沉香屑·第一炉香》

作品叙述的是上海女学生葛薇龙求学香港,被其姑母梁太太(富豪遗孀)利用来吸引男人,满足其虚荣、荒靡的生活。在求学的过程里,生活在梁家的葛薇龙最终不能幸免也陷入其中,变得热衷于这种享乐主义的声色犬马的生活中,与花花公子乔琪开始了从一开始就注定是悲剧的恋爱与婚姻。故事的结局不言而喻:葛薇龙失去了利用价值之后被乔琪无情地抛弃。

### 4.《沉香屑·第二炉香》

作品叙述的是一个把自己女儿永远看作孩子的母亲为了保持她们"思想的纯洁"而把她们与性知识进行隔离,使她们对于"性"一无所知。无知使出嫁的大姐靡丽笙误以为有生理需求的丈夫佛兰克丁贝是个变态,而了解此事的母亲由于溺爱自己的女儿而宁愿促使大女儿离婚也不愿对女儿进行适当的性教育。同样的事情也发生在二女儿愫细身上,不懂性知识的她在新婚之夜出逃,让不了解事情真相的人误以为其丈夫罗杰是一个鲁莽的色情狂,致使罗杰在工作、生活中屡屡受挫,受到别人讽刺之后的罗杰最终选择了与佛兰克丁贝相同的道路——自杀。

### 5.《茉莉香片》

《茉莉香片》是张爱玲的一篇中篇小说。它主要描述了从小到大都没有得到过父爱的聂传庆，在碰到本能成为他父亲的言子夜的女儿言丹朱之后发生的事。聂传庆从小是个怯懦、变态的男孩，有三分像女孩子。言丹朱想帮助聂传庆。聂传庆是个仇恨一切，对待一切都持悲观态度的角色。所以他憎恨天真少女言丹朱在学校里给他的温情，却又无法摆脱言丹朱给他的亲近，于是，他的精神陷入了病态。

### 6.《倾城之恋》

《倾城之恋》是张爱玲最脍炙人口的短篇小说之一，是一篇探讨爱情、婚姻和人性在战乱及其前后，怎样生存和挣扎的作品。

故事发生在香港，上海来的白家小姐白流苏，经历了一次失败的婚姻，身无分文，在亲戚间备受嘲讽，看尽世态炎凉。在偶然认识了多金潇洒的单身汉范柳原后，便拿自己当作赌注，远赴香港，博取范柳原的爱情，想要得到一个合法的婚姻。两个情场高手斗法的场地在浅水湾饭店，原本白流苏似是服输了，但在范柳原即将离开香港时，日军开始轰炸浅水湾，范柳原折回保护白流苏。狂轰滥炸，生死攸关，牵绊了范柳原，白流苏欣喜中不无悲哀，够了，如此患难，足以做十年夫妻。

### 7．《琉璃瓦》

小说《琉璃瓦》里，那个姚先生生了7个女儿。她可是深刻体会到姚先生的苦痛，女儿长大成人，嫁人成家可是人生大事，嫁得不好会为她忧心伤神，当然，嫁不掉也是老大难的事情一件。

自己的女儿，当然也是琉璃瓦，虽然在老公的基因中和之下，没有自己当年的姿色，但好歹也是清清爽爽小姑娘一个，怎么就会找不到男朋友了呢，真是笨哪，书都白读了。琉璃瓦，要伺候真的是很难。读中学的时候就怕她早恋，到了大学里，一开始，也没急着要女儿找男朋友，如果早知道会到现在这种尴尬境地，她早就在那时女儿碰到恋爱困扰的时候进行鼓励和指导了。

哎，所谓人算不如天算，时间一点点地飞快行驶，随着她眼角鱼尾纹的加深，女儿的年龄也在不断攀升，28岁了，真是糟糕，这一晃，女人最好的青春年华就要过去了。虽然她也知道，现在的姑娘们，30多岁了看起来嫩得还跟二八年华一样，但从琉璃瓦变成灰土瓦也只要一瞬间。

## 8.《金锁记》

《金锁记》写于 1943 年，小说描写了一个小商人家庭出身的女子曹七巧的心灵变迁历程。七巧做过残疾人的妻子，欲爱而不能爱，几乎像疯子一样在姜家过了 30 年。在财欲与情欲的压迫下，她的性格终于扭曲，行为变得乖戾，不但破坏儿子的婚姻，致使儿媳被折磨而死，还拆散女儿的爱情。"30 年来她戴着黄金的枷。她用那沉重的枷角劈杀了几个人，没死的也送了半条命。"

张爱玲在本书中从空前深刻的程度上表现了现代社会两性心理的基本意蕴。她在她那创作的年代并无任何前卫的思想，然而却令人震惊地拉开了两性世界温情脉脉的面纱。主人公曾被作者称为她小说世界中唯一的"英雄"，她拥有着"一个疯子的审慎和机智"，为了报复曾经伤害过她的社会，她用最为病态的方式，"她那平扁而尖利的喉咙四面割着人像剃刀片"，随心所欲地施展着淫威。

张爱玲将现代中国心理分析小说推向了极致，细微地镂刻着人物变态的心理，那利刃一般毒辣的话语产生了令人惊心动魄的艺术效果。《金锁记》在叙述体貌上还借鉴了民族旧小说的经验，明显类似《红楼梦》之类的小说手法已被作者用来表现她想要表现的华洋杂处的现代都市生活。

## 9.《封锁》

整个作品中的人物、故事，表面看来都显得漫不经心、简简单单，这样的"封锁"状态常常出现于本世纪的任何年代以及任何都市。张爱玲深具敏锐的社会洞察力，人们以为高雅的，她却能一针见血地指出其俗；人们以为世俗的，她能欣赏俗气后面扑面而来的无限风情，以及无法逃避的众生世态。

封锁期间登场的男主人公吕宗桢，是一家银行的会计师，"他是孩子的父亲，他是家长，他是车上的搭客，他是店里的主顾，他是市民。"女主人公吴翠远，是年轻的大学教师，"她是一个好女儿，好学生。她家里都是好人……翠远不快乐"。他们偶然相遇了，事先谁也不认识谁。吕宗桢无意间坐在了吴翠远的身后，并低声地搭话。翠远最初表现出"端凝的人格"。"他咬一咬牙，重新向翠远进攻。"非常戏剧化的场面出现了：翠远观察出这是一个"真的人"，于是他们开始谈话，宗桢从商科学校谈到银行的秘密，然后他"吞吞吐吐"万分为难地说："我太太——一点都不同情我。"

至此话题开始深入到关键地段，仿佛他们只是一个单纯的男子和一个单纯的女子恋爱了。如果小说到此结束，这篇小说奉献给读者的就将是一部新时代的安徒生童话。封锁没有锁住要害，张爱玲也将失去她那一份浸凉而真实的冷峻。

接下去，宗桢忽然说他不能离婚，他要顾全女儿的幸福，但他可以当她是妻子。想到自己一家的"好人"，翠远此时觉得很痛快，略有报复色彩的快乐一点一点增加。然而宗桢清醒了，他凄楚地喊"我不能让你牺牲了你的前程！……我又没有多少钱！我不能坑了你的一生！"翠远觉得"完了！"她哭了，不是淑女般的哭，"她只要他的生命中的一部份，谁也不希罕的一部份"。

之后，"封锁"开放了，一阵欢呼的风刮过这座城市，灯亮了，宗桢"遥遥坐在他原来的位子上"。封锁期间的一切，等于没有发生，当做了一个不近情理的梦。张爱玲的这篇小说就这样描写出两个在平淡、疲乏的都市生活中的世俗男女，在某一特定环境允许的情势之下，表现出不至于引发严重后果的对各自常规生活的瞬间反叛。《封锁》的内容实质和旨意就在此。在一切有序的生活轨道上，每个人都保持着恰如其分的"位置"，这个位置，于生命深处也许有着种种的遗憾，那是对自己没有得到的那些所怀有的不甘心。电车上的"封锁"是人性的一个出逃机会，也是一场试验，它引发了心里积蓄已久的躁动。然而"封锁"终究是短暂的，这种短暂也意味着"安全"，让"封锁"中的男女有了现实中的退路。"封锁"中的情与爱，终究是一场要谢幕的演出。

## 10.《连环套》

作品讲述的是一个女子一生在一群男子身边相继周旋的故事。她自小被人贩子带大,后被卖给第一任丈夫,一个印度商人。她聪明精干,为了自己的生存不断与一个又一个的男人结婚,钻进一个又一个的连环套子里。她从没有自由,没有幸福,唯一一点点对爱情的期待也被狠狠地辜负。她将自己的青春全部葬送在了一个又一个男人身上,每每有了一点暖意,却很快发现被欺骗、辜负、背叛……唯一幸运的是,她始终能有巨大的勇气去闯去赌,带着她那强悍的美企图征服一个又一个男人……最后,当第一任丈夫的弟弟提出要娶她的女儿时,她终于老了,心老了,心底的一生,也终结了。

## 11.《年青的时候》

《年青的时候》是一篇在现代文学史上被忽略了的短篇佳作,其鲜明的特点让这部短篇小说具有了不可替代性。小说通过一段年轻人的情感经历,揭示了人的二重性,展示了人生固有的、普遍的、深层的"底子",以深刻的哲学内涵表现出对特定时代的超越,可谓寓哲理于凡俗,寓大悲于平静。创造性的对比和象征手法的运用是其艺术形式上的突出特征。

## 12.《花凋》

《花凋》是一部短篇爱情小说，讲述了一位身患肺痨的可怜少女凋零的全过程。

主人公名叫川嫦，是家中最小的女儿。父母与诸位姐姐都不甚在意她，她们自己打扮得花枝招展，只把穿过的衣服、剩下的东西给她，并且说她还是打扮得朴素些好看。大姐成婚以后，通过介绍她遇见了留学归来的一名医生，并爱上了他，两人到了谈婚论嫁的时候，她却突然病了。医生刚开始对她极尽温柔体贴，天天照顾她，说等她病好就成婚。可是后来，看到她没有好起来的希望，就另寻了一名护士结婚了，但还是会来给她治病。川嫦因此受了刺激，病情加重，甚至起了轻生的念头，自己买安眠药自杀未遂，回家后继续被家人照顾，但最终郁郁而终。

《花凋》里描写的是一个封建遗少的女儿的爱情和人生，张爱玲静静地叙述着那段苍白无力的爱，完全不带主观色彩，理性得让人越发觉得苍凉起来，一朵鲜花的凋零，凋零在腐朽颓败的家庭里，凋零在风雨飘摇的时代中。

在《花凋》中，张爱玲对于亲情与爱情的冷漠与淡倦描写得很刻骨。"笑，全世界便与你同声笑；哭，你便独自哭。"但整篇《花凋》也未见张爱玲对于导致川嫦死去的她的家人如泣如诉地控诉，她只是用她自己特有的活生生的讽刺语言将川嫦一家人的面目表现得淋漓尽致,将美好的事物破坏给了我们看。

"她死在三星期后。"张爱玲就这样轻描淡写地将一个年轻美好的生命的凋谢展现给世人看。

## 13.《红玫瑰与白玫瑰》

留洋回来的振保在一家外商公司谋了个高职。为了交通方便,他租了老同学王士洪的屋子。振保留学期间,有一个叫玫瑰的初恋情人。他曾因拒绝玫瑰的求欢而获得了"柳下惠"的好名声。王士洪有一位风情万种的太太,她总令振保想入非非。有一次,王士洪去新加坡做生意,经过几番灵与肉的斗争,在一个乍暖还寒的雨日,振保被这位叫娇蕊的太太"囚住"了。令振保所料不及的是娇蕊这次是付出了真爱的。当她提出把真相告诉王士洪时,振保病倒了。在病房,振保把自己真实的想法告诉了娇蕊——他不想为此情而承受太多责难。娇蕊收拾起纷乱的泪珠,出奇地冷静起来,从此走出了他的生命。在母亲撮合下,振保带着点悲凉的牺牲感,娶了身材单薄、静如止水的孟烟鹂。新娘给人的感觉只是笼统的白净,她无法唤起振保的性欲。振保开始在外边嫖妓。可是后来,他发现了一直处在他阴影里没有任何光泽的白玫瑰孟烟鹂,居然和一个形象猥狎的裁缝关系暧昧。从此,振保在外边公开玩女人,一味地放浪形骸起来。有一天,他在公共汽车上巧遇了他生命中的"红玫瑰"娇蕊,她已是一种中年人的俗艳了。岁月无情,花开花落,在泪光中,振保的红玫瑰与白玫瑰都已是一种现实中的幻影。旧日的善良一点一点地逼近振保。

### 14.《殷宝滟送花楼会》

作品主要叙述了殷宝滟到张爱玲居所倾诉她的那些事,她和罗潜之的事,最后请张爱玲写成小说。这个故事实际上影射了张爱玲眼中傅雷跟他的女学生的故事。并且,这是张爱玲唯一的一部写过之后后悔了的小说。从文体上来说,与其说是小说,不如说这是部长篇日记,只是执笔人是张爱玲而已。

### 15.《桂花蒸 阿小悲秋》

作品叙述的是一个女佣的生活,女佣的家庭、身份以及处境,并以女佣的视角来观察她的主人和主人的女人。

### 16.《鸿鸾禧》

作品讲述了一个人家娶媳妇,新娘子叫邱玉清。婚礼过后,邱玉清的婆婆回想起自己小时候看见的婚礼,她曾见过的结无暇顾及他人,即使对面相逢也只是自顾自地走过。

## 20.《十八春》

作品于1951年结稿。后来张爱玲在旅美期间进行改写,删掉了略带政治色彩的结尾,易名为《半生缘》,是张爱玲第一部完整的长篇小说。男女主角和相关人物离离合合了十八个春天,正暗合传统京剧《汾河湾》的旧典。《十八春》所着力表现的还是张爱玲最为得心应手的都市男女之间的情感纠葛。小说从沈世钧的立场回忆往事,以沈世钧与顾曼桢的悲欢离合为轴心,描写几对青年男女的爱情婚姻在乱世暌隔中阴差阳错。而同时翻天覆地的中国近代社会的种种事变:九一八、一·二八、抗战胜利、国民党接管、上海解放、支持东北,只是做了他们的背景,隐隐约约地给他们的故事刷上一笔动乱的底色。

沈世钧本与顾曼桢相爱,可家里却催促他和表妹石翠芝结婚,顾曼桢的姐姐顾曼璐为维持一家人的生活开支而辍学当了交际花,最后在万般无奈之下与有妇有子的祝鸿才结婚。面对沈世钧的家人,顾曼桢深感自卑,而沈世钧却误以为顾曼桢爱上了曾是顾曼璐男友的张豫瑾。家中老父临危之际将家业托付给他,他只得回到南京,与顾曼桢两地相隔。而顾曼璐为了讨好祝鸿才,不惜牺牲妹妹的幸福,令她替祝鸿才产下一子，并阻止沈世钧寻找顾曼桢。顾曼桢终于逃离顾曼璐和祝鸿才的魔掌后再找沈世钧时，沈世钧已和石翠芝结婚。不久后，顾曼璐去世，顾曼桢为照顾儿子又回到了祝家，最后和祝鸿才结了婚。

沈世钧的良善和软弱，顾曼桢的痴情和不幸，还有顾曼璐的自私，祝鸿才的无耻，在小说中无不栩栩如生。

## 21.《秧歌》

作品于1953年写于香港。这部长篇小说是张爱玲到香港后以 Eileen Chang 为笔名发表的，最初是写给英语圈的读者看的，后来翻译成中文。

1952年张爱玲离开上海重返香港，投入美国驻港新闻处，《秧歌》是一部有着明显的自由与反抗精神的作品。它仍然是以女性视角来叙述，讲述了土改后的江南农村，在上海帮佣三年的月香响应号召回到家乡。回乡后发现家乡实际上依然赤贫，饥饿横行，合作社干部情感冷漠。即使这样，文联导演顾刚依旧面对着哀鸿遍野编造着自己的"农村神话"。年关将至，当地人民的生活更加窘困，这时候却仍然要给军属送年礼，于是发生暴动，农民洗劫粮仓死伤无数。月香与缴粮的粮仓同陨于灰烬。小说结局是第二天一早，村民扭着秧歌簇拥着年礼照常拜年去了。

## 22.《五四遗事》

《五四遗事》是张爱玲的喜剧小说,刊登在台北《文学》杂志上。作品讲述了两对青年男女为追求所谓高雅的爱情却最终沦落世俗的故事。

这是一篇特别具有震撼力的小说,尤其是对于青年人来说。张爱玲在小说中并没有给主人公取上具体的名字,只是用简单的姓氏代替,代表着她要表现的不是一两个人的问题,而是一群人,特别是现代青年人的问题。小说以中学老师罗的婚姻为主要情节,反映了五四运动的不彻底性和不要过分迷信自由恋爱。

## 23.《怨女》

作品被誉为"文坛最美的收获之一"。这部作品是在小说《金锁记》原有情节人物的基础上进行改编的。更换了一些人物的姓名,比较详细地交代了女主角出嫁前的情况,扩充了女主角与小叔的故事、女主角儿子的故事,删去她女儿的故事,其他的框架基本没有改变。

## 24.《色,戒》

《色,戒》是张爱玲的小说中,少数以前卫的手法来探讨女性心理及情欲的作品。

作品写于1950年，故事发生在上海，一群进步青年为刺杀汉奸特务头子易先生，派出最漂亮的女子王佳芝实施"美人计"。但在刺杀就要得手之际，剧情却戏剧性地发生了逆转——王佳芝在老易为她买钻戒的过程中深受感动而改变初衷。

这部小说深得张爱玲的喜爱，她虽然在1950年就完成书稿，但是却经过近30年不断修改，直到1978年才将这篇小说和两个小故事《相见欢》《浮花浪蕊》以及其他一些作品集结成《惘然记》出版。张爱玲在其中写道："这三个小故事都曾经使我震动，因而甘心一遍遍改写这么些年，甚至于想起来只想到最初获得材料的惊喜，与改写的历程，一点都不觉得这其间三十年的时间过去了。爱就是不问值不值得。"

## 25.《小团圆》

《小团圆》以一贯嘲讽的细腻工笔，刻画出张爱玲最深知的人生素材，在作者过往人生中的人和事，在此得以团圆。那余韵不尽的情感铺陈已臻炉火纯青之境，作者回味无穷的感情铺垫已达至境，每每读来，倍感惆怅。故事中的痴男怨女恩怨情仇清晰地反映了我们内心深处复杂的情绪。

## 26.《同学少年都不贱》

作品讲述的是两位女孩恩娟、赵珏之间的情谊沧桑。故事开端于两人在上海重逢叙当年。恩娟嫁了位犹太人汴·李外,后来移民美国华盛顿,汴·李外成为第一位入阁移民,赵珏则境遇不如恩娟。因是多年后重逢,相对于当年两人平等的身世,重逢后便见出高低。或者这正是取名《同学少年都不贱》的深意。言语间充满张爱玲式一贯的讥诮,人物刻画鲜明,情节铺叙细腻,在轻快的故事节奏里,透着对人生变化无常的沧桑凄凉感。

## 27.《雷峰塔》

《雷峰塔》是张爱玲以自己四岁至十八岁的成长经历为主轴,糅合其独特的语言美学所创作的自传体小说。情节在真实与虚构间交织,将清末的社会氛围、人性的深沉阴暗浓缩在小说中这个大家族里。

琵琶出生在显赫的上海贵族家庭里,围绕着她的是丝绒门帘、身穿水钻缎子的宾客、裹小脚的老妈子,和关系庞杂的二伯、姨奶奶、表姐表哥们。但父母的缺席却是永恒的常态,沉迷在鸦片与旧时繁华里的父亲难得现身,而坚持要离婚的母亲则与琵琶的姑姑出洋念书。在这种文化、利益相冲突的幽森豪门里,难怪四岁的琵琶总带着怀疑的眼光看待一切。

或许也因为这段万花筒似的童年经历,琵琶的脑子里经常转着超龄的念头:她幻想能无穷无尽地一次次投胎,变成金发小女孩住在洋人的房子里;她看到书里压着的褐色玫瑰花瓣,就伤感人生苦短;她觉得十八岁是在护城河的另一岸,不知道有什么办法能过去。

美好的人生固然值得等待,然而,眨眼间当琵琶已跨到另一岸时,等到的却是不堪的、囚禁她一生的凄伤……

## 28.《异乡记》

《异乡记》为张爱玲当年从上海到温州寻访胡兰成时写下的所见所闻。《异乡记》记载了张爱玲在农村过年、看见杀猪、农民生活等细节,精练的文字佐于真挚的情感流露,使得通篇读来生动有趣,农村百景跃然纸上。此外,《异乡记》不仅记录了张爱玲人生某个重要的日子,书中的文字更成为她日后创作《秧歌》《怨女》,甚至是《小团圆》等作品的灵感来源。张爱玲文学遗产继承人宋以朗表示发表这篇轶稿的原因是,"《异乡记》的发表,不但提供了有关张爱玲本人的第一手资料,更有助于我们了解她的写作意图及过程……"

## 29.《散戏》

戏散了,一位话剧女主演,形单影只地在戏台上逗留了一会儿。然后她出了戏院,雇了一辆黄包车回家。到家了,文章也就完了。文章虽然只是写一个人这段不到一个小时的过程,说的却是这位女主演的表演、家庭以及围绕着她的一批人,展示了演员的一种私人生活。

## 散　文

### 1.《张看》

作品为张爱玲的第二部散文集。她对其解释为："'张看'就是张的见解或管窥——往里面张望——最浅薄的双关语。"该书分为五辑，分别是"日常生活""亲友素描""未名小草""艺文天地"和"著译自述"，每辑作品均按最初发表或首次结集的时间先后编排，以便让读者对张爱玲散文创作的进程有一个比较完整的把握。

### 2.《流言》

本书是国际"张学"权威人物陈子善教授主持编校，增补散佚的作品，首度全面恢复了张爱玲作品的原貌。《流言》是张爱玲的随笔散文集，可以说是大珠小珠满玉盘。张爱玲称爱默生"警句很多"。在本书中我们倒可以看到张爱玲满篇的警句佳句。如"上海人是传统的中国人加上近代高压生活的磨炼"（《到底是上海人》）；"中国人喜欢法律，也喜欢犯法"（《洋人看京戏及其他》）；"多数的女人非得'做下不对的事,'方才快乐。婚姻仿佛不够'不对'的"(《谈女人》)等,不胜枚举。

### 3.《私语》

该书涉及张爱玲生平以及创作,通篇分两大部分。前一部分收集和张爱玲有过接触的海内外各种人,比如张爱玲的老师、亲朋、同事、学者、研究者甚至初恋,是有关她生活和创作的回忆。这些资料提供了很多非常重要且不为人知的第一手史料,参考价值不容忽视。后一部分为美国郑树森与主编陈子善教授挖掘张爱玲的生平与创作资料汇编。这些资料的陆续出现,填充了张爱玲创作历史上的很多空白。

该书收录文章三十余篇,其中包括胡兰成的《〈今生今世〉选》,胡在文章中说张爱玲是"民国世界的临水照花人"。该文揭示了张爱玲情感生活的一面风景。

### 4.《迟暮》

十二岁,在别的小伙伴仍在过家家的时候张爱玲已经在试着用她手中的笔雕刻成年人的生活。散文中的人物很像张爱玲的母亲,张爱玲幼时,母亲游学在外,后与父亲离异。年幼的她有很多机会探究母亲心境,那时她的母亲也是三十多岁,与该作品人物极似。

# 学术著作

## 1. 《红楼梦魇》

《红楼梦魇》是张爱玲的一部重要作品。1966年张爱玲定居美国,至1995年离世。她以十年时间研究《红楼梦》,此书正是其晚年研究的结晶。书中共收入其七篇研究文章,包括《〈红楼梦〉未完》《〈红楼梦〉插曲之一》《初详〈红楼梦〉》《二详〈红楼梦〉》《三详〈红楼梦〉》《四详〈红楼梦〉》《五详〈红楼梦〉》。

《红楼梦魇》像迷宫,像拼图游戏,又像推理侦探小说。早本各个不同的结局又有《罗生门》的情趣。偶遇拂逆,事无大小,只要"详"一会儿《红楼梦》就好了。收在这集子里的,除了《三详〈红楼梦〉》通篇改写过,此外一路写下去,有些今是昨非的地方也没去改正,因为视作长途探险,读者有兴致的话可以从头起同走一遭。

红学大师周汝昌曾说过:"只有张爱玲,才堪称雪芹知己。我现今对她非常敬佩,认为她是'红学史'上一大怪杰,常流难以企及。张爱玲之奇才,心极细而记(记忆力)极强,万难企及,我自惭枉做了'红学家'!"

## 2.《海上花列传》

《海上花列传》是一部清末小说,作者韩邦庆。这部长篇小说的主要内容是写清末中国上海十里洋场中的妓院生活,涉及当时的官场、商界及与之相关的社会层面。《海上花列传》是最著名的吴语小说,也是中国第一部方言小说。亦名《绘图青楼宝鉴》《绘图海上青楼奇缘》,凡64回。

后世张爱玲曾将其翻译为英语、汉语,汉语版新命名为《海上花》,分为《海上花开》和《海上花落》两部。

地球旅馆

出 品 方　地球旅馆
出 品 人　张进步
策 划 人　程　碧

特约编辑　马　丽
封面设计　广　岛（@ 广岛 Alvin）
内文设计　八月松子

运　　营　肖遥　谭婧
营　　销　何雨淳　吴桐
法律顾问　天津益清（北京）律师事务所　王彦玲